O caminho dos escolhidos

The CHOSEN

Estudo bíblico interativo

Temporada 3

O caminho dos escolhidos

Amanda Jenkins, Dallas Jenkins e Douglas S. Huffman

Thomas Nelson Brasil

Quitanda

As citações bíblicas são da Nova Versão Internacional (NVI), da Biblica, Inc., a menos que seja especificada uma outra versão da Bíblia Sagrada.

PRODUÇÃO EDITORIAL	Gisele Romão da Cruz
TRADUÇÃO	Maria Emília de Oliveira
PREPARAÇÃO	Bruna Gomes
REVISÃO	Josemar de Souza Pinto
ADAPTAÇÃO DE CAPA	Rafael Brum
DIAGRAMAÇÃO	Patrícia Lino

Dados Internacionais de Catalogação na Publicação (CIP)
(BENITEZ Catalogação Ass. Editorial, MS, Brasil)

J52q
1. ed. Jenkins, Amanda
O caminho dos escolhidos : The Chosen, temporada 3 / Amanda Jenkins, Dallas Jenkins, Douglas S. Huffman ; tradução Elen Canto. – 1.ed. – Rio de Janeiro : Thomas Nelson Brasil, 2025.

144 p.; 17 x 24 cm.

Título original: Way of The Chosen: The Chosen, season 3.

ISBN 978-65-5217-138-2

1.Bíblia – Estudos. 2. Teologia cristã. 3. The Chosen (Série de televisão). I. Jenkins, Dallas. II. Huffman, Douglas S. III. Oliveira, Maria Emilia de IV. Título.

01-2025/84 CDD-230

Índice para catálogo sistemático:
1. The Chosen : Série de televisão : Cristianismo 230

Bibliotecária responsável:
Aline Graziele Benitez – Bibliotecária - CRB-1/3129

Os pontos de vista desta obra são de responsabilidade de seus autores e colaboradores diretos, não refletindo necessariamente a posição da Thomas Nelson Brasil, da HarperCollins Christian Publishing, e da Editora Quitanda Ltda. ou de suas equipes editoriais.

Thomas Nelson Brasil é uma marca licenciada à Vida Melhor Editora Ltda.
Todos os direitos reservados à Vida Melhor Editora Ltda.

Rua da Quitanda, 86, sala 601A - Centro,
Rio de Janeiro/RJ - CEP 20091-005 - Tel.: (21) 3175-1030
www.thomasnelson.com.br

Editora Quitanda
Rua Padre Guido Del Toro 27, Sala 02 - Chácara Inglesa,
São Paulo/SP - CEP 05142-120 - Tel (11) 99518-4548
www.editoraquitanda.com

SUMÁRIO

“Entrem pela porta estreita,
pois larga é a porta e amplo
é o caminho que leva à
perdição, e são muitos
os que entram por ela.
Mas estreita é a porta e
apertado é o caminho que
leva à vida, e são poucos
os que a encontram.”

Mateus 7:13-14

O CAMINHO DOS ESCOLHIDOS

Destruição: uma palavra pesada demais, e um tanto incomum, para iniciar um estudo bíblico. Mas vamos analisá-la, pois vivemos em um mundo fragilizado e aflito. Ao usar essa palavra, Mateus não estava sendo profético; ele não estava afirmando o que ainda não se via.

Nós estamos vendo, Mateus.

A devastação e a ruína nos cercam o tempo todo: basta ver as notícias ou assistir a qualquer *reality show*. Dê uma volta por aí e com certeza verá grades nas janelas, lixo nas sarjetas, muros pichados e pessoas morando nas ruas, no meio disso tudo. Pesquise no Google as estatísticas atuais sobre divórcio, filhos sem registro do pai na certidão de nascimento, evasão escolar no ensino médio, criminalidade, doenças mentais ou suicídio.

Tudo isso está aumentando.

Observe seu bairro ou, mais perto ainda, veja atentamente como está sua própria vida (seus amigos, sua família e até *você*) e verá como a estrada larga levou à destruição de mil formas diferentes.

E tudo isso começou lá no jardim do Éden.

Gênesis 2:8—3:13

O Senhor Deus plantou um jardim no Éden,

a leste, e ali pôs o ser humano que formou.

Então, o Senhor Deus fez brotar do solo todo

tipo de árvores agradáveis aos olhos e boas para

alimento. No meio do jardim, estavam

a árvore da vida

e a árvore do conhecimento

do bem e do mal.

um rio

fluía do Éden para irrigar o jardim e de lá se dividia em quatro braços. [...] O Senhor Deus tomou o homem e o pôs no jardim do Éden para cultivá-lo e guardá-lo. E o Senhor Deus ordenou ao homem: — Coma livremente de qualquer árvore do jardim. Mas não coma da árvore do conhecimento do bem e do mal, porque, no dia em que comer dela, certamente você morrerá. Então, o Senhor Deus disse: — Não é bom que o homem esteja só; farei para ele uma aliada que lhe seja semelhante.

Então, o Senhor Deus formou da terra todos os animais do campo e todas as aves do céu e os trouxe ao homem para ver como os designaria; o nome dado pelo homem a cada ser vivo seria o seu nome. Assim, o homem deu nomes a todos os animais de rebanho,

as aves do céu

e a todos os animais do campo. Contudo, não se encontrava para o homem uma aliada semelhante a ele. Então, o Senhor Deus fez o homem cair em um sono profundo e, enquanto este dormia, tirou-lhe uma das costelas, fechando o lugar com carne. Da costela que havia tirado do homem, o Senhor Deus fez uma mulher e a levou até ele. [...]

Ora, a Serpente era o mais astuto de todos os animais do campo que o Senhor Deus tinha feito. Esta perguntou à mulher: — Foi isto mesmo que Deus disse: "Não comam de nenhuma das árvores do jardim"? A mulher respondeu à serpente: — Podemos comer do fruto das árvores do jardim, mas Deus disse: "Não comam do fruto da árvore que está no meio do jardim nem toquem nele; do contrário, vocês morrerão."

A serpente disse à mulher: — Certamente não morrerão! É que Deus sabe que, no dia em que comerem dele, os seus olhos se abrirão, e vocês serão como Deus, conhecedores do bem e do mal. Quando a mulher viu que a árvore era boa para alimento, atraente aos olhos e desejável para dela se obter sabedoria, tomou do seu fruto e o comeu; também o deu ao seu marido, que estava com ela, e ele o comeu. Então, os olhos dos dois se abriram, e perceberam que estavam nus. Por isso, entrelaçaram

folhas de figueira

e fizeram algo para cobrir-se.

Quando o homem e a sua mulher ouviram o som do Senhor Deus, que caminhava pelo jardim ao

entardecer

esconderam-se da presença do Senhor Deus entre as árvores do jardim. O Senhor Deus, porém, chamou o homem e perguntou: — Onde você está? Ele respondeu: — Eu te ouvi no jardim e fiquei com medo porque estava nu; por isso, me escondi.

Deus perguntou: — Quem contou a você que estava nu? Você comeu da árvore da qual ordenei a você que não comesse? O homem disse: — Foi a mulher que me deste para estar comigo que me deu do

fruto da árvore

e eu comi. Então, o SENHOR Deus perguntou à mulher: — O que foi que você fez? A mulher respondeu: — A serpente me enganou, e eu comi.

Infelizmente, Adão e Eva estragaram a perfeita criação divina. Na primeira bifurcação, escolheram o caminho largo e destruíram o que Deus havia feito, gerando uma distância entre eles e o Senhor e criando inimizade entre eles e o mundo. E nós somos iguais a Adão e Eva.

Temos a tendência de nos afastar de Deus, mas não precisamos, e a autossabotagem não é uma conclusão inevitável. Para aqueles que creem nele, Jesus apresenta outra forma de viver: "Eu sou o caminho, a verdade e a vida. Ninguém vem ao Pai, a não ser por mim." (João 14:6)

Jesus é a porta estreita que leva à vida, mas, como lemos na Bíblia, são poucos aqueles que o encontram. Por que isso acontece? Por que todos os nossos erros que desagradam a Jesus não nos fazem correr para ele e permanecer ali?

A resposta é óbvia: é um caminho difícil.

Ser seguidor implica submissão, que talvez seja uma das palavras mais desprezadas do século 21. Submeter-se significa renunciar aos nossos desejos por causa de outra pessoa; fazer sacrifícios pessoais; exercer autocontrole e desapego; ser humilde e, muitas vezes, arrepender-se; mudar o coração e a própria vida, quando necessário, pois submissão significa obediência àquele que sabe mais do que nós, àquele cujos caminhos são diferentes dos nossos.

> "Porque os meus pensamentos não são os pensamentos de vocês, nem os seus caminhos são os meus caminhos", declara o SENHOR. Como os céus são mais altos do que a terra, assim os meus caminhos são mais altos do que os seus caminhos, e os meus pensamentos, mais altos do que os seus pensamentos."
> **Isaías 55:8-9**

É por isso que tantas vezes o contrariamos e seguimos nosso próprio caminho. Entretanto, o caminho largo nos leva à própria morte.

Talvez esteja na hora de aceitar a parte difícil da caminhada e entrar pela porta estreita.

Talvez esteja na hora de seguir o caminho dos Escolhidos.

“Pois, se perdoarem as
transgressões uns dos outros,
o Pai celestial também
perdoará vocês. Mas, se não
perdoarem uns aos outros,
o Pai celestial não perdoará
as transgressões de vocês.”

Mateus 6:14-15

Primeira lição

PERDOE
como Jesus perdoa

JOÃO BATISTA: O que você achou dele?

JOANA: Não sei como descrevê-lo.

JOÃO BATISTA: Como se sentisse gratidão pelo alimento quando nem percebia que estava morrendo de fome?

JOANA: Algo assim.

JOÃO BATISTA *(sorrindo para André)*: Novidades?

ANDRÉ: Muitas.

JOÃO BATISTA: Me contem o que ele disse.

JOANA: Nada que fizesse sentido. *(João gosta do rumo da conversa.)* Está tudo ao contrário: os pobres, os aflitos, os mansos, todos exaltados.

JOÃO BATISTA: Bem-aventurados.

JOANA: Sim. E outras coisas estão invertidas... amar os inimigos. Quem é capaz de AMAR seu inimigo?

JOÃO BATISTA: Ele é. O que mais?

JOANA: Imagens curiosas. Algo sobre jogar pérolas aos porcos, traves nos olhos...

JOÃO BATISTA: Sim.

ANDRÉ: Sal, homicídio, chuva, Deus alimentando as aves, casas na areia.

JOANA: Ele é quase tão estranho quanto você.

JOÃO BATISTA: Quem me dera ser tão estranho. *(João começa a andar, empolgado.)* Havia quantas pessoas lá?

JOANA: Milhares.

JOÃO BATISTA: Que maravilha. O que mais?

ANDRÉ: João... O que fazemos com você? Como posso ajudar?

JOÃO BATISTA: Você está me ajudando com seu relato.

ANDRÉ: Você sabe o que quero dizer.

JOÃO BATISTA: Venha cá. *(André se inclina.)* Não fique com medo. *(André inspira. Ele está com medo.)* As profecias de Isaías... Ele foi enviado para proclamar liberdade aos cativos e para o que mais?

ANDRÉ: Para abrir a prisão daqueles que estão presos.

JOÃO BATISTA: Esta prisão não é nada agora que ele está aqui. Você crê nisso?

ANDRÉ: Estou tentando crer.

JOÃO BATISTA: André... em tudo o que ele disse a esses milhares de pessoas, havia algo só para você, sobre a situação que você está passando. Sempre há. O que foi? Algo que não sai da sua cabeça.

ANDRÉ *(pausa, emotivo)*: Não se preocupem. Quem de vocês, por mais que se preocupe, pode acrescentar uma hora que seja à sua vida?

JOÃO BATISTA: Isso é algo que ele diria. O que mais?

ANDRÉ: Busquem em primeiro lugar o reino de Deus e a sua justiça.

JOÃO BATISTA: Isso é ainda mais parecido com algo que ele diria. Então, se você quiser me ajudar... André? *(André levanta a cabeça.)* Se você quiser me ajudar... escute o que ele fala. Vá para casa e faça o que ele diz. É isso o que eu quero. Entendeu?

Ao contrário

Se você está acompanhando a série de TV *The Chosen: Os Escolhidos*, sabe que a segunda temporada terminou quando Jesus começava a pregar seu sermão mais famoso. Essa mensagem marcante ficou conhecida como o Sermão do Monte, que é exatamente onde a terceira temporada começa. O foco do episódio 1 não está apenas no ensino de Jesus, mas também na forma pela qual os seguidores entendem as palavras dele e as aplicam às complexidades da vida.

E essa é *sempre* a parte difícil, não é? As palavras de Jesus parecem ser grandiosas, inspiradoras e verdadeiras até que a situação se complica e precisamos colocá-las em prática, começando com uma das exortações mais impossíveis de todas: perdoar as ofensas dos outros.

A verdade é que seguir Jesus muitas vezes implica ver e fazer coisas que são opostas aos nossos instintos. Como Joana afirmou, muito do que Jesus disse parece estar invertido; nada faz sentido. Coisas como os primeiros serão os últimos e os últimos serão os primeiros (Mateus 19:30), para liderar é necessário servir (Mateus 23:11), para ganhar é necessário dar (Lucas 6:38), para viver é necessário morrer (Marcos 8:35) e para herdar o mundo é necessário primeiro nos tornar pobres, mansos e pacificadores, mesmo diante da perseguição (Mateus 5:2-10).

Não é uma mensagem muito atraente neste mundo em que as pessoas priorizam a si mesmas.

Isto é, a menos que qualquer outro caminho leve à destruição.

Sua vez

1. O que significa "muitos primeiros serão últimos, e os últimos serão primeiros" no contexto de Mateus 19:16-30? De que maneira você está seguindo esse princípio? E de que maneira não está?

Para os *nerds* da Bíblia (como nós) que querem saber

Embora o Sermão do Monte seja conhecido em todo o mundo como uma das maiores mensagens de todos os tempos, hoje ainda se discute o modo pelo qual ele deve ser entendido e aplicado.

É a simples transcrição de um evento histórico? Trata-se de um conjunto de metas (irreais) para um mundo perfeito no futuro? Ou pode ser aplicável para todas as pessoas, em todos os tempos e em todos os lugares? (Spoiler: a última opção é a correta.)

No resumo de Mateus, o Sermão do Monte termina com um apelo repetido duas vezes para "quem ouve estas minhas palavras e as pratica" (Mateus 7:24,26), o que é uma forte indicação de que a mensagem de Jesus era universal. É difícil argumentar que Mateus teve o trabalho de registrar essa exortação repetida (e todo o resto do sermão, aliás) acreditando que se aplicava apenas aos que estavam presentes naquele dia.

Assim, acreditamos que o Sermão do Monte não serve apenas como curiosidade histórica ou previsão do futuro; ele, de fato, tinha o objetivo de fazer a diferença na forma em que todos os seguidores de Jesus vivem, em todos os tempos e lugares.

Vocês ouviram

— Vocês ouviram o que foi dito aos seus antepassados: "Não matarás", e "quem cometer assassinato estará sujeito a julgamento". Mas eu digo a vocês que qualquer que se irar contra o seu irmão estará sujeito a julgamento. Do mesmo modo, qualquer que disser a seu irmão: "Tolo!" será levado ao tribunal. E qualquer que disser: "Insensato!" corre o risco de ser lançado no fogo do inferno. — Portanto, se você estiver apresentando a sua oferta diante do altar e ali se lembrar de que o seu irmão tem algo contra você, deixe a sua oferta ali, diante do altar, e vá primeiro reconciliar-se com o seu irmão; depois, volte e apresente a sua oferta.

Mateus 5:21-24

Sexto mandamento: "Não assassine."

Rancor: sentimento persistente de indisposição ou de ressentimento como consequência de um insulto ou de uma injúria passada.

Sempre que Jesus começava uma frase com "Vocês ouviram", o público estava prestes a ser impactado. Afinal, é muito fácil não ser um assassino: a maioria das pessoas lê o sexto mandamento e consegue cumpri-lo.

Entretanto, em suma, o fato de não cometer assassinato não significa que nosso coração está isento da maldade que o origina. Assim, a opinião de Jesus sobre o sexto mandamento o torna muito mais difícil de cumprir,

Para os *nerds* da Bíblia (como nós) que querem saber

O que os estudiosos chamam de seção de "antíteses" do Sermão do Monte (Mateus 5:21-48) contém seis repetições do padrão "Você ouviram [...], mas eu digo a vocês [...]." (V. 21-22, 27-28, 31-32, 33-34, 38-39, 43-44)

Nesses trechos, Jesus corrigiu mal-entendidos sobre o Antigo Testamento. Lembre-se: ele não estava corrigindo o Antigo Testamento e deixou isso claro ao dizer: "Não pensem que vim abolir a Lei ou os Profetas; não vim aboli-los, mas cumpri-los." (V. 17)

Em vez disso, Jesus estava corrigindo as interpretações do povo em relação à Palavra de Deus e como a colocavam em prática.

pois é quase impossível passar pela vida sem guardar rancor ou sem que guardem rancor contra você.

Talvez seja por isso que Jesus falou tantas vezes sobre perdão. Na semana anterior à crucificação, ele disse: "Quando estiverem orando, se tiverem alguma coisa contra alguém, perdoem-no, para que também o Pai celestial perdoe as transgressões de vocês." (Marcos 11:25.) E então ele perdoou aqueles que o pregaram na cruz: "Pai, perdoa-lhes, pois não sabem o que fazem." (Lucas 23:34.)

Como isso é possível?

Segundo nossa força pecaminosa, é impossível. No entanto, está escrito na Bíblia que, para ter comunhão com Deus, não devemos guardar nada. Para receber o perdão de Deus, precisamos estender a graça radical aos outros. Para sentir a paz de Deus, precisamos confiar na vingança dele. E, para interagir com os outros do modo que Deus quer, precisamos confiar totalmente no amor santo, firme e incondicional daquele que seguimos.

Deus é luz e nele não há treva alguma. Se afirmarmos que temos comunhão com ele, mas andarmos nas trevas, mentimos e não praticamos a verdade. [Mas] Se confessarmos os nossos pecados, ele é fiel e justo para perdoar os nossos pecados e nos purificar de toda injustiça.
1João 1:5-6,9

"Não julguem, e não serão julgados. Não condenem, e não serão condenados. Perdoem, e serão perdoados. Deem, e será dado a vocês [...]. Pois a medida com que medirem será usada como medida para vocês."
Lucas 6:37-38

Se possível, naquilo que depender de vocês, vivam em paz com todos os homens. Amados, nunca procurem vingar-se, mas deixem com Deus a ira, pois está escrito: "Minha é a vingança; eu retribuirei."
Romanos 12:18-20

Sua vez

2. Você guarda ou já guardou rancor? Contra quem e por quê?

Vingar-se:
fazer justiça punindo a transgressão.

3. Leia Mateus 18:21-35. Embora não seja possível ganhar o perdão de Deus por meio das boas obras, por que o perdão de Deus depende da nossa disposição de perdoar os outros?

4. Com base na parábola que Jesus contou em Lucas 7:41-50, explique esta afirmativa: "Quem é muito perdoado muito ama. Quem é pouco perdoado pouco ama."

Oriente e ocidente

Não nos trata conforme os nossos pecados nem nos retribui conforme as nossas iniquidades. Como os céus se elevam acima da terra, assim é grande o seu amor para com os que o temem; como o oriente está longe do ocidente, assim ele afasta para longe de nós as nossas transgressões. Como um pai tem compaixão dos seus filhos, assim o SENHOR tem compaixão dos que o temem; pois ele sabe do que somos formados; lembra-se de que somos pó.

Salmos 103:10-14

Intitulado: acreditar que alguém é merecedor de privilégios ou tratamento especial por herança.

Tendemos a achar que temos direito a certos privilégios. Ou seja, a maioria de nós acha que merece mais respeito e maior consideração do que às vezes recebemos. Ao mesmo tempo, minimizamos nossas falhas, acreditando que elas são mais raras *e mais justificáveis* do que as falhas dos outros.

Nas condições adequadas, esses pensamentos podem se transformar em rancores que guardamos contra pessoas que supostamente nos fizeram mal.

No entanto, na Bíblia lemos várias vezes que Deus não nos trata assim, mas se dispõe a perdoar nossas ofensas e a afastar nosso pecado de nós, tão longe quanto o oriente está do ocidente. Compreender a magnitude dessa graça, misericórdia e amor tão imensos requer uma compreensão maior (a) do nosso próprio pecado, (b) do que realmente merecemos e (c) do que Deus fez por nós.

Contrariando nossa noção de privilégios, somos pessoas muito pecadoras. Nosso coração tende a se afastar de Deus e a escolher o caminho largo. Tende a ser egocêntrico, arrogante e tolerante com nossos próprios erros; a ser ganancioso e cobiçoso; a ser desrespeitoso, insatisfeito e desconectado da verdade; a sentir raiva, a julgar e, sim, a não perdoar.

Deus vê todas essas coisas e mesmo assim não nos abandona, "pois ele sabe do que somos formados; lembra-se de que somos pó". Apesar do nosso pecado e do julgamento justo que ele merece, Deus não aplica esse julgamento àqueles que seguem Jesus porque Jesus foi julgado em nosso lugar! Assim, Deus é justo e compassivo. Ele sabe que somos fracos e frágeis, e sabe que nossa vida na terra é passageira.

O Caminho de Romanos (não se trata de uma estrada, mas de uma série de versículos da carta aos Romanos que apresenta o plano de Deus para a salvação):

Pois todos pecaram e estão destituídos da glória de Deus.
Romanos 3:23

Mas nisto Deus demonstra o seu amor por nós: Cristo morreu em nosso lugar, apesar de sermos pecadores.
Romanos 5:8

Porque o salário do pecado é a morte, mas o dom gratuito de Deus é a vida eterna em Cristo Jesus, nosso Senhor.
Romanos 6:23

Se com a boca você confessar que Jesus é Senhor e crer no seu coração que Deus o ressuscitou dentre os mortos, será salvo. Porque com o coração se crê para a justiça e com a boca se confessa para a salvação.
Romanos 10:9-10

Como pó.

Ao longo da vida, todos nós enfrentaremos dificuldades, doenças, mágoas, dores e, por fim, a morte — além da nossa incapacidade contínua de NÃO pecar. No entanto, nenhuma dessas calamidades passa despercebida àquele que nos amou o suficiente para assumir as consequências do nosso pecado. Na Bíblia está escrito:

Deus fez você (Salmos 139:13).
Ele sabe quantos fios de cabelo há em sua cabeça (Mateus 10:30).
Ele sabe quando você se senta e quando se levanta, e sonda os seus pensamentos (Salmos 139:2).
Ele conta suas lágrimas e registra as suas tristezas (Salmos 56:8).
Ele cura os quebrantados de coração e sara as feridas (Salmos 147:3).

Esse conhecimento deve amolecer nosso coração individualista e egocêntrico. Nosso pecado ofende o Senhor, mas ele perdoa, cura e se aproxima daqueles que se aproximam dele (Tiago 4:8). Então, que direito temos de tratar os outros segundo um padrão que não se aplica a nós? Pelo contrário, quando realmente compreendemos a altura, a largura, o comprimento e a profundidade da bondade de Deus para conosco, é inevitável perdoar aqueles que nos ofenderam.

Pelo menos, em teoria.

Para os *nerds* da Bíblia (como nós) que querem saber

Como seguidores de Jesus, somos instruídos a perdoar. "Vistam-se de profunda compaixão, bondade, humildade, mansidão e paciência. Suportem uns aos outros e perdoem as queixas que tiverem uns contra os outros. Perdoem como o Senhor os perdoou." (Colossenses 3:12-13)

É claro que Deus não impõe seu perdão a nós, ou seja, a pessoa pode escolher não crer em Jesus e não receber o perdão de Deus em Cristo. Nesse caso, Deus não guarda rancor. Em vez disso, permite que as pessoas continuem no caminho da destruição. E assim, mesmo que Deus, com grande tristeza, permita que os ímpios sigam seu próprio caminho, às vezes nós também teremos que deixar as pessoas seguirem seu rumo.

Nesse sentido, embora seja verdade que somos chamados a ser como Jesus e a oferecer perdão aos outros, não significa que precisamos viver continuamente maltratados por aqueles que não se arrependem.

Se você se encontra em uma situação complicada ou perigosa em que não consegue entender como perdoar, busque a sabedoria de um pastor de confiança ou de outro líder cristão.

Sua vez

5. Algumas pessoas definem a compaixão como solidariedade ou tristeza pelo sofrimento alheio, acompanhada pelo desejo de aliviá-lo. De que forma o Caminho de Romanos (veja a página 25) descreve a compaixão de Deus?

6. Deus conhece seus altos e baixos, entende intimamente sua tristeza e perdoa sempre que você pede. Como você se sente em relação a isso?

7. O salmo 139 termina assim: "Sonda-me, ó Deus, e conhece o meu coração; prova-me e conhece as minhas inquietações. Vê se no meu caminho algo te ofende e dirige-me pelo caminho eterno." (V. 23-24.) Faça uma oração com essas palavras e confesse qualquer coisa que Deus traga à mente.

Shalom

— Vocês ouviram o que foi dito: "Olho por olho, dente por dente." Mas eu digo: não resistam ao perverso. Se alguém o ferir na face direita, ofereça-lhe também a outra. E, se alguém quiser processar você e tirar a sua túnica, deixe que leve também a capa. Se alguém o forçar a caminhar com ele uma milha, vá com ele duas. Dê a quem lhe pede e não volte as costas àquele que deseja pedir algo emprestado.

Mateus 5:38-42

Algumas coisas são mais difíceis de perdoar do que outras, é claro. Dito isso, nada é mais difícil de perdoar do que o assassinato. E Jesus foi assassinado. Contudo, em vez de invocar a ira do céu (o que ele tinha todo o direito e a capacidade de fazer), Jesus pediu que Deus perdoasse as pessoas que zombaram dele, o torturaram e o mataram (Lucas 23:34).

Ele ofereceu a outra face. E é a ele que seguimos.

Somos chamados a perdoar como nosso Senhor e Salvador perdoa (Colossenses 3:12-13), confiando que, quando fazemos isso, ele nos proporcionará vingança, proteção, conforto e cura. Isso torna nosso perdão aos outros um ato de fé de que Deus nos vê e cuida de nós, e que usa todas as coisas para o nosso bem e para a sua glória (Romanos 8:28).

Em nossa ínfima força pecaminosa, é uma exortação impossível, mas Jesus disse: "O que é impossível para o homem é possível para Deus." (Lucas 18:27.) Pela porta estreita, ele nos ofereceu o seu *shalom*: paz com ele e paz com os outros. Devemos confiar nele o suficiente para atravessar a porta, deixá-lo cuidar plenamente de nós e permitir que ele tenha acesso ao nosso coração de modo que cumpra a obra de perdão em nós e por intermédio de nós.

Shalom:
saudação hebraica usada pelo povo judeu ao se encontrar ou se despedir; significa paz, integridade, completude, solidez, saúde, segurança e prosperidade, e traz a implicação de permanência.

Sua vez

8. Nenhum seguidor de Jesus começa com uma fé madura. Leia Filipenses 1:6. Com o tempo, à medida que seguimos Jesus, o que a Bíblia promete que Deus fará?

Foco da oração

Louvado seja Deus por nos amar como sua criação, apesar da nossa pecaminosidade, por enviar Jesus para ser o sacrifício por esse pecado e por estender graça e perdão radicais a nós. Peça a ele que o ajude com a difícil tarefa de perdoar os outros. Lembre-se: o perdão às vezes é um processo. Nem sempre nós o atingimos imediatamente, por isso devemos continuar levando nossas dores e dificuldades ao Senhor todos os dias. Agradeça a ele pela promessa de mudar seu coração e por ser fiel ao tornar você cada vez mais semelhante a Jesus.

Modelo de oração

Querido Deus,

Agradeço por me amar, mesmo eu sendo rebelde, às vezes em meu coração e às vezes em minhas ações. Agradeço por enviar Jesus para oferecer o caminho da salvação e por me restaurar para ter um relacionamento correto com o Senhor. Reconheço que não mereço seu perdão e que devo aceitá-lo como um presente pago por Jesus. Agradeço porque seu perdão pode mudar minha vida, inclusive a forma com que respondo aos outros. Dá-me a capacidade de perdoar e a coragem de pedir perdão quando necessário. "Devolve-me a alegria da tua salvação e sustenta-me com um espírito pronto a obedecer", para que eu possa convidar outros a fazerem o mesmo (Salmos 51:12).

Amém.

CENA EXTERNA — *CASA DE MARIA MADALENA (DIA)*

(André se aproxima da porta da frente e bate. Um momento depois, Maria atende.)

MARIA MADALENA *(confusa)*: Shalom.

ANDRÉ: Shalom. Não vou demorar muito.

MARIA MADALENA: Tudo bem. Precisa de algo?

ANDRÉ: Só quero dizer uma coisa. No sermão do rabino, ele disse para se reconciliar com as pessoas antes de adorar. E eu preciso me desculpar com você.

MARIA MADALENA: Você não precisa...

ANDRÉ: Preciso, sim. Eu disse coisas horríveis para você porque estava com medo, e o rabino também falou sobre isso. Ele falou sobre tantas coisas. Eu tenho muito o que melhorar, na verdade.

MARIA MADALENA: Eu também.

ANDRÉ: Mas eu disse coisas terríveis. Você não merecia. Eu peço desculpas. *(Maria sorri.)* Então... é isso.

MARIA MADALENA: Desculpe, não sei bem o que dizer. Acho que esta é a primeira vez que alguém me pede desculpas por qualquer coisa.

ANDRÉ: Você também não merece isso... As coisas estão melhores agora, hein?

MARIA MADALENA: Sim. Muito. Obrigada.

ANDRÉ: Shalom.

MARIA MADALENA: Shalom.

“Então, Jesus se aproximou deles e lhes disse:

— Toda a autoridade me foi dada nos céus e na terra. Portanto, vão e façam discípulos de todas as nações, batizando-os em nome do Pai, do Filho e do Espírito Santo, ensinando-os a obedecer a tudo o que eu ordenei a vocês. E eu estarei sempre com vocês, até o fim dos tempos.”

Mateus 28:18-20

Segunda lição

VÁ
como Jesus ordena

CENA INTERNA — *CASA DE SIMÃO (NOITE)*

(Simão e Éden se abraçam, observando uma fogueira. Eles estão sozinhos, em silêncio. Por fim, depois de um tempo...)

ÉDEN: Não acredito que você voltou para mim.

SIMÃO: Eu não acredito que você não acredita. Aqui estou. Onde eu sempre estarei.

ÉDEN: Quando você se foi desta vez, em alguns momentos eu me senti...

SIMÃO: Se sentiu o quê?

ÉDEN: Perdida... Não sei direito.

SIMÃO: Que sentimentos eram esses?

ÉDEN: Eu estava com raiva. Triste...

SIMÃO: Meu bem, você sabe que estou com Jesus. Nós dois estamos. Lembra do que ele disse para você?

ÉDEN: Eu sempre me lembro. É o que me faz suportar dia após dia.

SIMÃO: Ele vê você.

ÉDEN: Eu sei. Sempre penso naquele momento. Mas às vezes, na memória, esqueço como é o rosto dele.

SIMÃO: O que você quer dizer?

ÉDEN: Você nunca se afastou de alguém e depois não conseguiu se lembrar do rosto dessa pessoa depois de um tempo?

SIMÃO: Você esquece meu rosto? *(Éden ri dessa surpresa egoísta e infantil.)*

ÉDEN: Eu não esqueço seu rosto. *(apoiando-se nele)* Está tudo bem agora.

SIMÃO: Nós só precisamos passar mais tempo juntos. Acho que Jesus tem trabalho a fazer aqui. Eu andei pensando sobre... nossa família.

ÉDEN *(encolhe os ombros)*: Eema está saudável, meus irmãos estão pescando...

SIMÃO: Não, *nossa* família. *(Éden se vira para olhar para ele. Olhos arregalados)* Está na hora. *(Ela joga os braços em volta de Simão, vencida.)*

Planos

"Vem com Josué lutar em Jericó
E as muralhas ruirão"

♫

"Zaqueu era um homem tão pequeno
E queria ver Jesus"

♪

"Deus disse a Noé: constrói uma arca
Deus disse a Noé: constrói uma arca
Que seja feita
De madeira para os filhos do Senhor"

♫

"Pedro, Tiago, João no barquinho
No mar da Galileia
Jogaram a rede, mas
não pegaram peixe
No mar da Galileia
Jesus mandou jogar do outro lado
Do mar da Galileia
Puxaram a rede cheia de peixinhos
No mar da Galileia"

Às vezes, esquecemos que os discípulos eram pessoas como nós. A forma com que lemos a Bíblia parece retirar toda a humanidade deles. Memorizamos versículos e cantamos musiquinhas da escola dominical que não capturam as histórias reais. Até mesmo nossas pinturas e belos vitrais podem fazer Jesus e seus seguidores parecerem rasos, distantes e desconectados da realidade do século 21. Como se disséssemos: "Antes era desse jeito, mas agora é diferente."

Assim, às vezes pensamos que eles tinham menos a perder, literalmente. Afinal, os homens e mulheres que largaram tudo para seguir Jesus tinham menos coisas do que a maioria de nós tem hoje. Não tinham carros, imóveis financiados ou faculdade para pagar e certamente não tinham tantas opções de lugares para morar, trabalhar ou viajar. Aliás, também não tinham *smartphones*, mídias sociais e informações atualizadas sobre absolutamente tudo e todos 24 horas por dia.

A vida deles era mais simples (pelo menos é o que achamos), mas seus planos não eram mais fáceis de abandonar.

Pelo contrário. Como sabemos, não há nada de novo sob o sol, pelo menos quando se trata da experiência humana. Embora as circunstâncias dos discípulos fossem diferentes das nossas, pessoas ainda são pessoas, independentemente da época em que nasceram.

O que foi tornará a ser; o que foi feito se fará novamente; não há nada novo debaixo do sol.
Eclesiastes 1:9

Isso significa que os seguidores de Jesus tinham famílias e comunidades inteiras que amavam. Tinham ambições, esperança e planos para o futuro. Sentiam felicidade e estresse, amor e mágoa, animação e confusão, coragem e medo.

Nesse sentido, eles eram como nós.

Então, é claro, quando Jesus lhes disse "vão", eles demoraram um pouco.

Sua vez

1. Quais são seus planos preferidos para sua vida?

De dois em dois

Então, chamando os Doze para junto de si, Jesus os enviou de dois em dois e deu-lhes autoridade para expulsar espíritos imundos. Estas foram as suas instruções:

— Não levem nada pelo caminho, a não ser um bordão. Não levem pão, nem saco de viagem, nem dinheiro no cinto; calcem sandálias, mas não levem túnica extra.

Marcos 6:7-9

Essas foram instruções bastante específicas e também aterrorizantes. Os apóstolos estavam sendo enviados ao campo para fazer o que, até aquele momento, só tinham observado Jesus fazer. Mas agora eles deveriam ir sozinhos, sem comida nem abrigo. E sem poder inato. Jesus estava pedindo que eles confiassem em sua palavra de que a provisão de todos os itens mencionados se manifestaria conforme a necessidade.

Diferente das viagens de hoje, não havia paradas ao longo da estrada. Não havia saídas a cada poucos quilômetros com opções de lanchonetes, banheiros e hotéis. E, mesmo com a possibilidade de parar e reabastecer quando quisermos, *ainda* assim levamos lanches. No entanto, os discípulos foram instruídos a partir apenas com a roupa do corpo e as sandálias dos pés. Eles não podiam nem sequer levar um cajado a mais, que seria usado tanto como bengala em terrenos acidentados quanto como arma para se defenderem de bandidos e de animais selvagens (Mateus 10:9-10).

Em resumo, o plano era: "Não levem nada porque receberão provisão na hora da necessidade." No entanto, apesar do desconhecido e de todas as situações assustadoras que ele poderia trazer, eles saíram conforme Jesus ordenou. Imagine o primeiro dia dessa jornada e o tamanho da fé que eles tinham em Jesus para dar os primeiros passos. Sem suprimentos, nenhum plano além de caminhar, pregar e curar — coisas que nenhum deles jamais havia feito.

É impressionante como não desistiram ali mesmo.

Para os *nerds* da Bíblia (como nós) que querem saber

Nem todos os discípulos eram apóstolos. Os discípulos de Jesus são pessoas dedicadas a segui-lo, ou seja, Jesus teve multidões de discípulos durante seu ministério terreno e milhões deles desde então! Os apóstolos eram doze discípulos que Jesus escolheu para liderarem os demais.

Na época dessa viagem missionária específica, muitos discípulos estavam com Jesus há algum tempo e, no Sermão do Monte, ele deu a doze deles a função e o título de "apóstolo". Esse rótulo vem da palavra grega que significa "aquele que é enviado". Legal, né?

O Evangelho de Lucas registra Jesus enviando seus seguidores de dois a dois em uma segunda viagem missionária de curto prazo, mas com um grupo maior de 72 discípulos (Lucas 10:1-12). A diferença entre a primeira e a segunda viagem foi...

Sua vez

2. Em relação a seus planos, você tem esperança de que Deus abençoará o que você quer fazer? Ou o que você quer fazer foi criado por Deus? Aliás, como consegue diferenciar?

3. Leia Jeremias 29:11, Salmos 32:8 e Romanos 8:28. O que esses versículos indicam em relação aos planos de Deus para você?

4. Quando os apóstolos foram enviados de dois a dois, o plano era confiar na provisão. O que você acha que eles sentiram? Por que acha que eles foram mesmo assim?

O reino está próximo

Depois que João foi preso, Jesus foi para a Galileia, proclamando o evangelho de Deus.
— O tempo é chegado — dizia ele. — O reino de Deus está próximo. Arrependam-se e creiam no evangelho!
Marcos 1:14-15

Por mais que tenha sido assustador enfrentar o desconhecido, também é possível compreender o ato de fé dos apóstolos, pois eles estavam experimentando o reino de Deus! Afinal, eles viram Jesus curar doentes e expulsar demônios. Eles testemunharam Jesus acalmar tempestades e ressuscitar os mortos. Sentiram as palavras que ele falou soprarem vida e luz na própria alma e nunca mais foram os mesmos.

Ao dizer "o tempo é chegado", Jesus se referia a si mesmo: o Messias prometido que o povo de Deus estava esperando, o cumprimento da profecia do Antigo Testamento, aquele que restauraria as ruínas e replantaria os desertos, o Salvador que tomaria sobre si tudo o que foi destruído no Éden.

O céu havia chegado à terra, e os seguidores de Jesus sabiam disso. Como eles poderiam se recusar a ir quando, onde *e como* ele ordenou?

Como nós poderíamos?

Acontece que a combinação de não levar nada/receber tudo deu certo: os discípulos viram pessoas serem curadas, de corpo e alma. E assim como eles, quando nos oferecemos a Jesus, ele trabalha com fidelidade em nós e por intermédio de nós para realizar o que jamais seríamos capazes de realizar com nossa própria capacidade nem em nossos sonhos mais loucos.

Tudo, porém, começa quando ele nos manda ir.

Sua vez

5. Em relação a nossos planos, muitas vezes nos perguntamos o que perderemos se seguirmos o caminho de Deus em vez do nosso. Agora reverta essa ideia e faça uma lista do que os discípulos teriam perdido se não tivessem ido quando e como Jesus ordenou.

6. Em Romanos 12:1-2 está escrito que devemos nos apresentar como sacrifício vivo para sermos transformados por Jesus e, assim, sermos mais capazes de discernir a vontade de Deus. O que você pode perder se recusar a Jesus?

7. Leia Marcos 1:14-15 e Mateus 10:5-7. A que se refere o "reino de Deus" (ou o "reino dos céus")? Qual é a conexão entre o fato de Deus ser rei e o arrependimento de seu povo?

Advertência do Reino

"Sempre que entrarem em uma casa, fiquem ali até partirem. Se em algum lugar não os receberem nem os ouvirem, saiam de lá e sacudam a poeira dos pés como testemunho contra eles."
Marcos 6:10-11

Jesus prometeu a seus apóstolos provisão para a jornada e a capacidade de realizar a obra da qual ele os incumbiu, mas isso não significava que o percurso seria tranquilo. Pelo contrário, ele advertiu seus seguidores de que eles seriam bem recebidos por alguns e rejeitados por outros: assim como Jesus foi e assim como ele ainda é.

Para os *nerds* da Bíblia (como nós) que querem saber

A ideia de Deus ser rei sobre toda a criação e principalmente sobre seu povo se baseia no Antigo Testamento (Deuteronômio 33:5; Salmos 99:1-5; Isaías 6:1-5).

Entretanto, além das declarações sobre o reinado atual de Deus, há implicações para um futuro reino de Deus mais potente (Isaías 24:21-23; 33:17-22; Zacarias 14:1-9). Jesus anunciou que esse reino futuro estava se tornando realidade ("o reino de Deus está próximo") por meio de sua vida e obra.

É claro que o reino de Deus já começou no coração e na vida daqueles que têm fé em Jesus (Lucas 11:20; 17:20-21; 18:16-17), embora ainda não esteja totalmente consumado e não será até Jesus voltar (Lucas 13:28-30; 19:11; 21:31; 22:16-18).

Assim, hoje em dia, os estudiosos se referem a essa ideia como o reino de Deus "já/ainda não".

Na verdade, parte de sua provisão se trata de gerenciar nossas expectativas, pois, ao representarmos Jesus e seu reino transformador, devemos esperar experimentar os mesmos tipos de coisas que ele e os primeiros discípulos experimentaram. Quando o reino dos céus é bem recebido, devemos nos alegrar e louvar a Deus. No entanto, quando é rejeitado, não devemos nos surpreender nem nos abalar porque, de qualquer forma, ainda pertencemos ao reino.

Na verdade, somos enviados pelo Rei. Ao final de seu tempo na terra, Jesus comissionou seus seguidores (inclusive a nós!) a ir ao mundo com a verdadeira mensagem de salvação. Na verdade, Mateus encerra seu relato do Evangelho com o que veio a ser conhecido como a Grande Comissão:

"Então, Jesus se aproximou deles e lhes disse:

— Toda a autoridade me foi dada nos céus e na terra. Portanto, vão e façam discípulos de todas as nações, batizando-os em nome do Pai, do Filho e do Espírito Santo, ensinando-os a obedecer a tudo o que eu ordenei a vocês. E eu estarei sempre com vocês, até o fim dos tempos." (Mateus 28:18-20)

A Grande Comissão: a instrução do Jesus Cristo ressuscitado aos discípulos sobre difundir o evangelho a todas as nações do mundo.

Então, sim, é grande mesmo!

Sua vez

8. Você sente que Deus quer fazer algo novo em você e por intermédio de você hoje? Acredita que existem pessoas ou lugares para os quais Deus pode estar enviando você com a mensagem do evangelho? Quais são suas preocupações sobre como realizar os detalhes da tarefa?

Foco da oração

Louve a Deus por incluir você nos planos de seu reino. Agradeça a ele pela promessa de provisão de alimento, dinheiro, capacidade e palavras necessários para fazer a obra. Peça a ele que aumente sua fé para que, quando, onde e como ele o enviar, você vá com disposição.

Modelo de oração

Querido Deus,

Agradeço por enviar Jesus para anunciar seu reino que veio à terra por meio de sua vida e obra. Agradeço por me levar para seu reino mediante o arrependimento e a fé em Jesus. O Senhor escolheu dar continuidade à obra do reino por intermédio de seguidores de Jesus como eu. Entretanto, nem sempre eu sei quando, onde ou como realizar sua obra da melhor forma. Preciso de sua ajuda e orientação para cumprir o que o Senhor falou (Salmos 32:8-11). O Senhor me prometeu a provisão; então, me ajude a colocar o seu reino em primeiro lugar (Mateus 6:25-34). Por favor, que eu tenha compaixão daqueles que me ouvirem, coragem para falar a mensagem do evangelho com ousadia e palavras de sabedoria.

Amém.

CENA INTERNA —
CASA DE SIMÃO (DIA)

(Jesus e os discípulos estão amontoados na pequena sala de estar da casa de Simão e Éden. Éden entra e sai com comida.)

JESUS: Com certeza, a maioria de vocês já conhece a vila de tendas que está crescendo rapidamente a oeste de Cafarnaum. *(O grupo concorda.)* Essas são pessoas que nos seguiram desde o monte e que agora estão esperando para ouvir mais. Os números aumentam a cada dia, assim como as suspeitas de Roma. Zee me informou esta manhã que alguns membros de sua antiga ordem até viajaram para cá.

ANDRÉ: Parece que estamos construindo um exército, Mestre.

JESUS: Essa é apenas uma maneira de ver as coisas. *(Todos olham em volta intrigados, preocupados e confusos.)* A outra maneira de ver isso é a minha.

SIMÃO: A maneira correta, o senhor quer dizer.

JESUS *(rindo)*: É, Simão. São pessoas como as que moram em regiões de todo o mundo. Não são um exército. Ainda não. Elas precisam de resgate. E vocês vão me ajudar a resgatá-las. *(Zee bate o punho e se inclina para a frente.*

Simão balança a cabeça negativamente para ele.) Estou falando de outro tipo de resgate, Zee. Não é sustentável que eu faça toda a pregação, toda a cura e toda a ministração. Eu chamei vocês para a casa de Simão hoje, e obrigado por nos receber, Éden, porque nosso ministério só vai crescer, e queremos que cresça até o fim dos tempos. Haverá muito mais seguidores e, como aqueles que não estão aqui, todos terão funções e responsabilidades. A maioria será discípulo, aluno. Mas eu escolhi vocês doze como meus apóstolos. *(Os discípulos estão quietos. Essa fala foi importante. Depois de um momento...)*

TIAGÃO: O senhor está nos enviando?

MATEUS: Apóstolo é sinônimo de mensageiro, então...

TIAGÃO: Eu sei o significado, Mateus, por isso estou perguntando.

JESUS: Vocês são meus líderes. E, para a missão que tenho para vocês, é melhor que se espalhem e não se concentrem em um só lugar.

ANDRÉ: Não entendi.

JESUS: Vou para casa em Nazaré por um tempo e, enquanto estiver lá, enviarei vocês, em todas as direções, dois a dois. *(A sala ficou em silêncio. Todos acham que não entenderam direito.)*

TOMÉ *(Apavorado. Ele tinha planos.)*: Todas as direções, rabino?

JESUS: Vocês proclamarão, à medida que avançam: "O reino dos céus está próximo." Enquanto estiverem nesta missão, vão curar os doentes ungindo-os com óleo, expulsarão demônios... Por que estão todos me olhando assim?

MATEUS: O senhor poderia repetir?

JESUS: Eu envio vocês de dois a dois, proclamando à medida que avançam: "O reino dos céus está próximo." Curem os doentes, expulsem demônios...

SIMÃO *(trocando um olhar com Éden)*: Isso levaria quanto tempo?

JESUS: De novo, essa palavra. Já falo sobre isso, Simão.

FILIPE: Curar os doentes?

(Vemos Tiaguinho de relance.)

TADEU: Expulsar demônios?

JESUS: Enquanto estiverem na missão, terão essa autoridade. Um dia terão o tempo todo.

NATANAEL: Houve alguma cerimônia que eu perdi?

JESUS: É esta aqui.

NATANAEL: Não me sinto diferente.

JESUS: Não preciso que você sinta nada para fazer grandes coisas.

JOÃO: Com todo o respeito, rabino, nós apenas começamos como alunos, não estamos nem perto de qualificados. Por que o senhor precisaria de nós para esse trabalho?

ZEE: Ele não precisa de nós, ele nos quer.

JESUS: Muito bem, Zee. João, se eu precisasse de líderes religiosos e alunos qualificados para o meu ministério, eu não teria escolhido... É, vocês entenderam.

"O Espírito do Senhor está
sobre mim, porque ele me
ungiu para levar boas-novas
aos pobres. Ele me enviou
para proclamar liberdade
aos presos e recuperação da
vista aos cegos, para libertar
os oprimidos e proclamar
o ano do favor do Senhor."

Lucas 4:18-19

SOFRA

CENA EXTERNA — *RUA DE NAZARÉ (CREPÚSCULO): Nazaré, 27 d.C.*

(Jesus entra em uma rua de Nazaré, anda por alguns momentos e depois para em frente a uma casinha. Ele faz uma pausa, sorri, aproxima-se da porta e bate. Imediatamente...)

MARIA: Já vou! Se for você, entre, mas eu já vou! *(Jesus ri, mas espera. Logo depois, a porta se abre.)* Ah, sim, é você! *L'shana tovah!*

JESUS *L'shana tovah*, Eema.

MARIA *(abraçando-o)*: Por que não entrou? Sabia que você pode simplesmente entrar? Foi uma viagem longa, você parece cansado. Está com fome, sim? Vamos nos sentar e comer. Guarde sua bolsa lá embaixo, vamos comer primeiro e depois você pode ir para a cama. Com certeza, está exausto. A *challah* está quente e pronta. Você chegou na hora perfeita. Fez boa viagem?

L'shana tovah: expressão hebraica que significa "bom ano".

JESUS: Sim, foi boa. Vi que o cachorro marrom não estava no portão da cidade quando entrei. Aconteceu alguma coisa?

MARIA: Ele morreu há meses. Sente-se, sente-se...

JESUS: Ah, imaginei. Acho que, em dez anos, nunca atravessei aquele portão sem vê-lo sentado sendo ignorado por todos.

(A mãe tira a challah *redonda do forno e a leva à mesa. Depois se senta enquanto sussurra uma oração.)*

MARIA: Não está perfeitamente redonda. Nunca consegui fazer perfeita, mas as passas cozinharam bem.

JESUS: Eema, a senhora sabe que não gosto de passas.

MARIA: E você sabe que vou fazer isso como sobremesa de ano-novo mesmo assim. Então, fique quieto.

JESUS: Então... sem Judas nem Tiago?

MARIA *(franzindo os lábios; claramente é um assunto desconfortável)*: Eles acharam melhor comemorar em Haifa enquanto você estivesse aqui. Só para evitar conflitos.

JESUS: Entendo.

MARIA: Acho que é difícil para eles, principalmente com tantas pessoas aqui animadas para ver você amanhã. Todo mundo tem ouvido sobre o que você tem feito, os sinais e maravilhas, e você sabe como os meninos se sentem em relação a isso.

JESUS: Entendo.

MARIA: Mas vamos nos divertir muito. Como está o pão?

JESUS: Uma delícia, e eu até gosto das passas.

MARIA: Então... Preparado para amanhã? Muitos me disseram que mal podem esperar para ver você. E adivinha quem está na cidade?

JESUS: Não sei dizer.

MARIA: Lázaro e as irmãs. Chegaram hoje. Acharam que era uma boa oportunidade para ver você.

JESUS: Sério? Isso é maravilhoso, não vejo Lázaro há algum tempo. Então... Estou exausto, preciso ir para a cama. Eema...

MARIA: Sim?

JESUS: Preciso da caixa enquanto estou aqui. Onde a senhora guardou?

MARIA *(o semblante dela muda)*: Agora?

JESUS: Aham.

MARIA: Tem certeza de que esta é sua última vez aqui antes de...

JESUS: Creio que minha hora está chegando.

MARIA *(profundamente triste)*: Não sei se estou pronta.

JESUS: Sei como a senhora se sente. Mas estou cumprindo...

MARIA: "... a vontade daquele que me enviou."

JESUS: ... a vontade daquele que me enviou.

MARIA: Precisa ser tão cedo? Tem certeza?

JESUS: Se não for agora...

MARIA *(baixinho)*: Sinto mais falta de seu pai durante as celebrações. Ele se divertia tanto. Amanhã será um dia divertido. A caixa está perto de sua cama. Você vai ver.

JESUS: Obrigado.

MARIA: Vou lavar a louça, e você vai para a cama.

JESUS: Eu posso ajudar...

MARIA *(tentando segurar a emoção)*: Não, deixe comigo. Vá para a cama, está tudo bem.

(Quando Maria se vira em direção à cozinha, Jesus coloca o braço em volta dela e a beija na cabeça.)

JESUS: *Laila tov*, Eema.

Por que ele veio

Laila tov: expressão hebraica que significa "boa noite".

Em uma sinagoga tranquila em sua pequena cidade natal, Nazaré, Jesus fez um anúncio tão grandioso e impressionante que os ouvintes (ou seja, seus vizinhos e amigos de longa data) tentaram jogá-lo de um penhasco. Aparentemente, no Israel do primeiro século, era o que faziam quando alguém afirmava ser o tão esperado Messias, Salvador dos judeus, e aquele por meio de quem o favor de Deus seria derramado sobre o mundo inteiro:

Messias: o libertador prometido da nação judaica profetizado no Antigo Testamento.

> Então, [Jesus] fechou o livro, devolveu-o ao assistente e sentou-se. Na sinagoga, todos tinham os olhos fitos nele, e ele começou a dizer-lhes: — Hoje se cumpriu a Escritura que vocês acabaram de ouvir. (Lucas 4:20-21)

Não vamos, porém, nos ater aos detalhes para não perder o foco. Quando Jesus leu o livro de Isaías do Antigo Testamento, ele estava revelando o coração de Deus ao povo que ele criou. Estava expressando seu profundo amor e compaixão por um mundo ferido. Estava revelando o plano de Deus para restaurar o que havia sido perdido, aprisionado, quebrantado e enterrado pelo pecado.

De fato, Jesus veio para trazer boas-novas aos pobres, liberdade aos cativos, visão aos cegos e liberdade aos oprimidos. Veio para transformar o sofrimento em alegria e o desespero em esperança que se estenderia por toda a eternidade. Veio para curar feridas terrenas e corações quebrantados. Veio para resgatar e restaurar um mundo aflito, sobrecarregado e abatido — inclusive os gentios. E inclusive você.

Sua vez

Gentio:
pessoa que não é judia.

1. Leia Mateus 9:35-36, Marcos 3:1-5 e João 11:17,34-36. Cite exemplos de coisas que podem entristecer o coração de Jesus.

Todas as coisas

> Todos os que estavam na sinagoga ficaram furiosos quando ouviram isso. Eles se levantaram, expulsaram-no da

cidade e o levaram até o topo da colina sobre a qual fora
construída a cidade, a fim de lançá-lo precipício abaixo.
Jesus, porém, passou por entre eles e retirou-se.
Lucas 4:28-30

No episódio 3, temporada 3 de *The Chosen: Os Escolhidos*, Jesus vai para casa fazer uma visita, e Maria está animada. No entanto, a alegria logo se transforma em tristeza quando Jesus pergunta sobre os irmãos, e Maria precisa explicar que eles não virão porque não concordam com Jesus. É claro que esses detalhes são apenas uma licença criativa da série, mas sabemos pelas Escrituras que José e Maria tiveram outros filhos (Mateus 13:55-56; Marcos 6:3) e eles "não criam nele" (João 7:5) — pelo menos, não durante o ministério terreno de Jesus. Além disso, aparentemente José já havia morrido, pois ele não é mencionado em nenhum momento durante o ministério de Jesus. De fato, enquanto estava na cruz, Jesus atribuiu a João a tarefa de cuidar de Maria (João 19:26-27).

Tudo isso significa que coisas como morte, divisão, rejeição e até separação são tristezas que Jesus entende intimamente.

O episódio passa a retratar o sermão real que Jesus prega em sua cidade natal, Nazaré, onde os problemas se estendem além de sua família (Lucas 4:16-30). Para horror de Nazaré, Jesus insiste no amor de Deus por todas as pessoas e em seu plano de incluir e redimir os gentios. Infelizmente, o preconceito cultural está tão enraizado no modo de vida do povo que eles ficam furiosos e acusam Jesus de ser um falso profeta e de blasfemar.

Falso profeta:
pessoa que espalha falsos ensinamentos alegando falar a Palavra de Deus.

Blasfêmia:
ato ou ofensa de falar sacrilégios sobre Deus ou sobre coisas sagradas; conversa profana.

Sacrilégio:
violação ou uso indevido do que é considerado sagrado.

Avance a história para o penhasco e imagine a cena sob a perspectiva de Deus: as Escrituras mal compreendidas e mal utilizadas em uma escala tão grande; rebeldia e desobediência total à vontade e aos caminhos dele; desrespeito insensível por seu amor, paciência e misericórdia infalíveis; uma multidão enfurecida arrastando seu amado Filho colina acima.

Não seria a última vez.

Ah, como aquele dia deve ter ferido o coração daquele que estava assistindo: aquele que tudo vê, o tempo todo. Porque, como se vê, nada escapa aos olhos de Deus. Nenhuma maldade permanece em segredo. Pelo contrário, todas as coisas distorcidas e terríveis que nós, humanos, fazemos a nós mesmos e aos outros acontecem sempre diante de Deus. E ele sofre.

Sua vez

2. Aqui está a resposta para a pergunta 1: Jesus sofre quando as pessoas estão perdidas. Ele sofre quando as pessoas magoam umas às outras. Ele sofre quando as pessoas sofrem. Em outras palavras, qual é a origem do sofrimento dele?

3. Leia João 3:16-17. O que o amor e o sofrimento de Deus o levaram a fazer?

Para os *nerds* da Bíblia (como nós) que querem saber

O povo de Nazaré ficou chateado quando Jesus afirmou ser o Messias, mas ficaram ainda mais furiosos quando ele deu a entender que o plano de salvação de Deus incluía os gentios (Lucas 4:24-27).

Na lei israelita do Antigo Testamento, essa linguagem era vista como uma profecia falsa blasfema, e a blasfêmia era passível de morte (Levítico 24:10-16; compare com Deuteronômio 13:6-11). O documento rabínico judaico conhecido como Mishná descreve até como proceder com o apedrejamento, que incluía lançar a pessoa de um penhasco e jogar pedras sobre ela.

Dito isso, essa punição só deveria ser executada após o devido julgamento (Deuteronômio 17:2-7), não por meio da violência da multidão, como visto em Lucas 4:28-29 (e ameaçado em João 8:59 e 10:31-33). Além disso, sob o domínio romano, a pena de morte só deveria ser executada com a permissão do governo (João 18:31), mas os judeus ignoraram essa regra algumas vezes (por exemplo, com Estêvão em Atos 7:54-58 e no atentado contra a vida de Paulo em Atos 21:31-32).

Além de ignorar o devido julgamento judaico e seguir em frente sem a permissão romana, era incomum os judeus de Nazaré se apressarem para fazer o "trabalho" de apedrejar Jesus no sábado, sobretudo porque desrespeitar o sábado também era, ironicamente, passível de morte (Números 15:32-36).

4. Considere o mundo e sua condição atual do ponto de vista de Deus. Só isso. Pare para pensar nisso.

Homem de dores

Ele cresceu diante dele como um broto tenro e como raiz de uma terra seca. Ele não tinha nenhuma beleza ou majestade que nos atraísse, nada havia na sua aparência para que o desejássemos. Foi desprezado e rejeitado pelos homens, um homem de dores e experimentado no sofrimento. Como alguém de quem os homens escondem o rosto, foi desprezado, e não o tínhamos em estima. Certamente ele tomou sobre si as nossas enfermidades e sobre si levou as nossas doenças; contudo, nós o consideramos castigado por Deus, atingido por Deus e afligido.

Isaías 53:2-4

Jesus fez parte de sua criação, sujeitando-se a toda a fragilidade e dor resultantes disso, para nos salvar. Ele foi simples e pobre, ignorado e subestimado. Ele foi desprezado. Rejeitado. Ele se tornou nossa dor, tomando sobre si nossa tristeza e o justo julgamento de Deus pelo pecado. O que significa que não há dor na vida que ele não entenda intimamente, nenhum fardo que ele não tenha carregado. A Bíblia se refere a ele como um homem de dores, que conhece o sofrimento *em todos os sentidos* — inclusive o nosso sofrimento.

Nesse sentido, o sofrimento não é algo que devemos temer, negar ou evitar sempre. Pelo contrário,

Mas nisto Deus demonstra o seu amor por nós: Cristo morreu em nosso lugar, apesar de sermos pecadores.
Romanos 5:8

Portanto, visto que temos um grande sumo sacerdote que adentrou os céus, Jesus, o Filho de Deus, apeguemo-nos com toda a firmeza ao que confessamos, pois não temos um sumo sacerdote que não possa compadecer-se das nossas fraquezas, mas sim alguém que, como nós, passou por todo tipo de tentação, ainda que sem pecado. Assim, aproximemo-nos do trono da graça com toda confiança, a fim de recebermos misericórdia e encontrarmos graça que nos ajude no momento da necessidade.
Hebreus 4:14-16

"Eu disse isso para que em mim vocês tenham paz. Neste mundo, vocês terão aflições; contudo, tenham coragem! Eu venci o mundo."
João 16:33

O Senhor está perto dos que têm o coração quebrantado e salva os de espírito abatido.
Salmos 34:18

Bendito seja o Deus e Pai do nosso Senhor Jesus Cristo, Pai das misericórdias e Deus de toda a consolação, que nos consola em todas as nossas tribulações, para que possamos consolar os que estão passando por tribulações com a consolação que recebemos de Deus.
2Coríntios 1:3-4

"[Deus] enxugará dos seus olhos toda lágrima. Não haverá mais morte, nem aflição, nem choro, nem dor, pois as coisas antigas já passaram."
Apocalipse 21:4

Jesus promete que neste mundo teremos problemas. Contudo, ele se move em nossa direção quando sofremos, para nos resgatar, confortar e oferecer esperança para um dia em que a tristeza e o sofrimento não existirão mais.

Conhecer a Jesus significa conhecer o Consolador.

Depois que o conhecemos, devemos sofrer *com* ele e responder aos outros da maneira que ele responde. Ou seja, o pecado deve partir nosso coração porque destrói a criação perfeita e bela de Deus. Pessoas perdidas devem partir nosso coração porque não conhecem seu Criador ou o amor, o perdão e a restauração que ele oferece. E as pessoas que perpetuam a dor sobre os outros devem partir nosso coração porque os ciclos de pecado nos afastam daquele que promete resgatar e restaurar.

Sua vez

5. Explique como esperar que os problemas apareçam pode ajudar você a lidar com eles de outra maneira.

6. De que forma você sentiu Deus se movendo em sua direção durante o sofrimento? Como a presença dele consolou você?

7. Releia os versículos que estão na margem desta seção. Como Jesus responde ao nosso pecado e sofrimento, mesmo quando o sofrimento é causado pelo pecado? Como você normalmente responde ao pecado e ao sofrimento alheios?

Fora do Éden

Ele, porém, foi traspassado por causa das nossas transgressões e esmagado por causa das nossas iniquidades; o castigo que nos trouxe a paz estava sobre ele, e pelas suas feridas fomos curados.
Isaías 53:5

Embora o caminho da humanidade para a destruição tenha sido pavimentado no Éden, também é verdade que graça sobre graça foi derramada todos os dias desde então e, por fim, na pessoa de Jesus Cristo (João 1:16-17; Romanos 5:12-21). Isso significa que Deus não nos deixa presos em nosso pecado e sofrimento. Pelo contrário, ele abriu um caminho para que fôssemos restaurados. Através da porta estreita, encontramos a liberdade. Embora nunca estejamos totalmente livres

Para os *nerds* da Bíblia (como nós) que querem saber

Em Gênesis 6:5-6 está escrito: "O Senhor viu quão grande era a maldade do ser humano na terra e que toda inclinação dos pensamentos do seu coração era para o mal o tempo todo. Então, o Senhor se arrependeu de ter feito o ser humano sobre a terra, e isso lhe cortou o coração."

A ideia de que um Deus onisciente (que tudo sabe) poderia "se arrepender" de suas próprias ações pode ser preocupante para alguns leitores. No entanto, essa forma ousada de falar sobre Deus de maneira antropomórfica (atribuindo características humanas a um não humano) pode nos ajudar a entender quanto o pecado é maligno e perturbador.

Certamente, o "sofrimento" que Deus experimenta é uma resposta à persistente, extensa e intensa pecaminosidade humana. A palavra hebraica para "lhe cortou o coração" em Gênesis 6:6 está na mesma família de palavras como as "dores" que Adão e Eva sofreram como resultado do pecado no jardim do Éden (Gênesis 3:16-17).

Embora certamente soframos as consequências do nosso pecado, Deus também está sofrendo. A dor que ele sente pelo pecado humano é expressa em outras partes das Escrituras com o mesmo termo de dor (Salmos 78:40; Isaías 63:10). No entanto, Deus tem compaixão dos humanos que sofrem sob o peso do pecado, principalmente o pecado que infligimos uns aos outros.

Usando outros termos para sofrimento, lemos que Deus ouvia, via e conhecia as aflições de seu povo escravizado no Egito (Êxodo 2:23-25; 3:7-9). E assim, enviou Moisés para conduzir os israelitas para fora do Egito, através do deserto até a Terra Prometida.

Da mesma forma, vemos o Messias Jesus (o Salvador e libertador prometido, profetizado no Antigo Testamento) responder às terríveis circunstâncias em que as pessoas pecadoras se encontram: "Ao ver as multidões, teve compaixão delas, porque estavam aflitas e desamparadas, como ovelhas sem pastor" (Mateus 9:36).

da dor ou do sofrimento na terra, quando andamos com Jesus — o *homem de dores* — temos toda a empatia, cuidado e conforto que ele proporciona. Desde o nosso primeiro passo até o nosso último suspiro.

"Não andem ansiosos por coisa alguma, mas em tudo, por meio da oração e da súplica, com ação de graças, apresentem os seus pedidos a Deus. Então, a paz de Deus, que excede todo o entendimento, guardará o coração e os pensamentos de vocês em Cristo Jesus." (Filipenses 4:6-7)

Quando entregamos nossa confusão, dor e sofrimento ao Senhor, a paz dele corre em nós. Sua abundante misericórdia guarda nosso coração e transborda para as pessoas feridas ao nosso redor. Seu amor inabalável nos obriga a continuar colocando um pé na frente do outro, enquanto sua graça e bondade nos conduzem para fora da escravidão e em direção à terra prometida do céu (Salmos 23).

Ali o próprio Deus enxugará nossas lágrimas.

Sua vez

8. Leia Romanos 8:18-39 e escreva de que maneira a graça de Deus é maior do que o sofrimento que você sente.

Foco da oração

Louve a Deus por continuar presente durante nosso sofrimento. Agradeça a ele por se aproximar, apesar do pecado e das dificuldades que infligimos em nós mesmos e pela porta estreita que leva à vida. Peça força e graça renovadas para continuar seguindo em frente e seguir Jesus em todas as circunstâncias. E ore por oportunidades de estender a graça e o conforto de Deus aos outros.

Modelo de oração

Querido Deus,

Hoje estou sofrendo, mas também estou trazendo meu sofrimento ao Senhor. Agradeço por conhecer a minha dor há muito tempo e por escolher dividir esse fardo. Agradeço por enviar Jesus para se aproximar de mim e sofrer comigo, e agradeço por ele abrir um caminho e atravessar minha dor. Admito que parte de minha tristeza é consequência de minhas escolhas pecaminosas. Então, agradeço por seu perdão e por sua promessa de me restaurar e de me renovar por intermédio dele. Enquanto lhe entrego todas as coisas, ajude-me a suportá-las, confiando plenamente no Senhor (Salmos 55:22; 1Pedro 5:6-7; Mateus 6:5-34). Por favor, mude meu coração para que eu sofra por aquilo que faz o Senhor sofrer. E então me conceda o amor e a graça de ministrar aos outros como o Senhor quer que eu faça.

Amém.

CENA INTERNA — *OFICINA DE JOSÉ*

(José está em seu local de trabalho, construindo algo enquanto conversa com Jesus, aos seis anos. Jesus está sentado em um banquinho, lendo um pergaminho. É nítido que o menino está aprendendo.)

JESUS: "Ele me enviou para cuidar dos que estão com o coração que... querba.. querban..."

JOSÉ: "Quebran..." e o que mais?

JESUS: Ta-do

JOSÉ: Agora tudo junto. Todas as sílabas.

JESUS: Que... bran... ta... do.

JOSÉ: Muito bem, agora mais rápido.

JESUS: Que-bran-ta-do.

JOSÉ: "Quebrantado." Uma palavra só.

JESUS: "Coração quebrantado." O que isso quer dizer?

JOSÉ: É um coração que foi ferido. Mas não é o coração que está no peito. São as coisas que nos deixam felizes ou tristes. Ter o coração quebrantado significa estar triste ou magoado, alguém que precisa de ajuda. Continue lendo.

JESUS: "Para pro... cla... proclamar liberdade."

JOSÉ: Muito bem. Segure isso para mim, por favor.

JESUS: Quer ajuda?

JOSÉ: Sim, venha. *(Jesus corre para o lado de José, que lhe entrega um martelo.)* Você precisa aprender a fazer isso. Em nossa família, conseguimos cravar um prego inteiro com uma martelada só, *talvez* duas. Vou deixar você bater duas vezes na primeira tentativa. *(Ele posiciona um prego no lugar certo.)* Agora, um dia você não será mais um carpinteiro como eu.

JESUS: Por que, *Abba*?

JOSÉ: Você será um artesão, que trabalhará com pedra e outros materiais, não apenas madeira.

JESUS: Por que, *Abba*?

JOSÉ: Porque não há muita madeira por aqui, esta é uma região de rochas e pedras. Eu escolhi a profissão errada, he-he-he. Tudo bem, aqui vamos nós. Lembre-se: não use todo o braço para martelar. Só esta parte, o antebraço. Mexa só o cotovelo. Assim você tem mais controle, viu? Vou segurar o prego com firmeza para você não se machucar, e aí você balança. Pronto?

JESUS: E se eu machucar sua mão?

JOSÉ: Ah, você tem talento como o seu *Abba*. Vai dar certo. Pode bater.

(Jesus ensaia um ou dois movimentos lentamente, concentrando-se e focado no prego. Ele finalmente balança com força o antebraço e acerta o prego. José desliza a mão para trás.)

JOSÉ: Aaaaaaaaai!!! *(Jesus grita de surpresa e medo quando José recua com "dor". Mas é claro... José cai na gargalhada.)* Brincadeira, ha-ha-ha. Foi ótimo, olha só! O prego está na metade. *(José puxa Jesus para perto.)* Desculpe, ha-ha-ha, mas não resisti. Quero mostrar uma coisa especial. Pegue aquela caixa ali.

(Jesus pegou, e José abre. É o freio de burro que Jesus pegou na casa de Maria.)

JOSÉ: Escute com atenção. Este é um freio de mula. Você já viu um destes, mas este é especial. Milhares de anos atrás, quando nosso povo finalmente foi libertado da escravidão... quando estavam partindo, um de nossos ancestrais da tribo de Judá usou esse freio para levar sua mula carregada de suprimentos para fora do Egito.

(Jesus percebe que Maria surgiu no batente da porta, e ela observa em silêncio, sorrindo.)

JOSÉ: A mula acabou morrendo, é claro, e todo o resto se perdeu no deserto. Mas este freio estava em sua mão quando ele escapou para a liberdade... então ele o guardou. Os homens de nossa família passaram uns aos outros por mais de quarenta gerações como lembrança de nossa escravidão, mas, mais importante, como recordação de nossa libertação rumo à Terra Prometida. É velho e não é bonito, mas meu pai me entregou assim como eu estou entregando a você. Sempre brincávamos: "Quem sabe? Talvez um de nós precise disso um dia." Acredito que você não terá um filho, então... talvez a jornada termine em você. Mas não posso deixar esta terra sem passá-lo adiante.

JESUS *(olhando para ele, fascinado)*: Obrigado, *Abba*.

"Portanto, quem ouve
estas minhas palavras e as
pratica é como o homem
prudente que construiu a
sua casa sobre a rocha. Caiu
a chuva, transbordaram os
rios, sopraram os ventos e
deram contra aquela casa,
mas ela não caiu, porque
estava alicerçada na rocha."

Mateus 7:24-25

PERMANEÇA

CENA INTERNA — CASA DE SIMÃO (DIA)

(Todos os discípulos, exceto Tomé, se reúnem na casa de Simão. Todos voltaram de sua missão, como soldados voltando da batalha. Alguns estão assombrados, outros, calejados. Tudo mudou.)

JOÃO: Num instante, os olhos mudaram de cinza para castanhos. Tomé e eu nunca tínhamos visto nada parecido. Os pais dela começaram a chorar.

ANDRÉ: Infelizmente, a primeira coisa que ela teve que ver com os novos olhos foi você.

TIAGÃO: Traumatizante.

SIMÃO *(Sem participar da brincadeira, despejando água em vasos. Ao lado dele, Éden tritura grão-de-bico demolhado.)*: Precisa de ajuda com isso?

ÉDEN *(friamente)*: Não.

SIMÃO *(sussurrando)*: Está incomodada com alguma coisa?

ÉDEN: Não.

(De volta aos rapazes.)

FILIPE: No fim, André realmente é um pregador ousado.

ANDRÉ: Acho que fizemos a diferença.

TADEU: Vocês estavam em Decápolis com os gentios?

FILIPE: Havia gentios e judeus helenísticos por perto, sim. Eles nos odiavam quase tanto quanto odeiam uns aos outros.

ANDRÉ: Os gentios nos expulsaram. Acho que eles pensaram que estávamos ajudando a iniciar uma guerra.

TIAGUINHO: Simão, está orgulhoso de seu irmão?

ÉDEN *(cutucando-o)*: Simão?

SIMÃO: Desculpe, o que você disse?

TIAGUINHO: Eu disse que você deve estar orgulhoso de seu irmão.

SIMÃO: Claro que estou.

TADEU: Tiagão, como estava Ptolemaida?

NATANAEL: Você ficou quieto a manhã toda.

TIAGUINHO: Zee e Mateus, vocês também.

TIAGÃO *(encolhendo os ombros)*: Correu tudo bem. Nós pregamos. Fizemos o que Jesus nos disse que teríamos o poder de fazer.

NATANAEL: Você está tão empolgado quanto um saduceu com dor de dente.

TIAGÃO: Só não sei se foi uma boa ideia. Só gerou mais barulho. Vai criar dor de cabeça, mais multidões, mais gente observando.

JUDAS: Você quer atrasá-lo?

JOÃO: Ele está bravo comigo. Está irritado por eu ter me aproximado de Tomé.

TIAGÃO: Eu me senti assim antes de partirmos. Não me importo com isso agora. Conte a eles o que você falou. Ou retira o que disse?

JOÃO: Não, ainda penso assim e não tenho medo de admitir. *(Todos na sala estão atentos...)* Jesus nos deu poder, mas não entendimento.

ZEE: Sim.

JOÃO: Nós curamos, mas ainda nos sentíamos sobrecarregados.

MATEUS: Eu quase sempre ficava atordoado.

NATANAEL: Mas ele exigiu compreensão? Parecia ser mais sobre o que estávamos fazendo.

TIAGÃO: Para você é fácil falar. Você e Tadeu foram de porta em porta em Hebrom. Jesus é conhecido lá. Provavelmente convidaram vocês para a casa deles.

NATANAEL *(trocando um olhar culpado com Tadeu)*: Vou para missões mais difíceis.

JUDAS: Natanael tem razão. Jesus nunca falou sobre compreensão. E foi só temporário.

TIAGUINHO: Às vezes, quando eu estava pregando, sentia que não eram minhas palavras. Que eu era apenas... um... canal para as palavras dele, nada de minha autoria.

TIAGÃO: Eu disse coisas que nem eu mesmo compreendo ou vivo totalmente. Eu me senti uma fraude.

ANDRÉ: Também me senti assim, mas isso não me incomodou.

ÉDEN: Em vez de discutir sobre isso, vocês podem simplesmente perguntar a Jesus quando ele voltar. *(Todos ficam admirados com Éden entrando na conversa. Ela parece surpresa.)*

MATEUS: É uma ideia muito boa.

TADEU: Quem sabe dizer quando será?

TODOS: Logo.

FILIPE: A palavra mais imprecisa.

JOÃO: Então, foi um pouco confuso, Tiago. Você consegue conviver com isso até entendermos?

Tempestades

Jesus pode intervir e, de fato, intervém nas circunstâncias difíceis da vida, mas ainda precisamos enfrentá-las. Seguir não significa que Jesus nos afastará das tempestades da vida. Em vez disso, ele promete ser o terreno sólido sobre o qual nos firmamos, e assim somos capazes de suportar o vento e a chuva. Por outro lado, quando escolhemos as areias movediças da estrada larga, tudo desaba e ocorre a destruição.

O mesmo aconteceu com os discípulos. Às vezes, pensamos que, por estarem fisicamente próximos a Jesus (ou seja, eles podiam vê-lo com os olhos reais), eles tinham menos dificuldades. Supomos: "Se eu pudesse ver Jesus, se eu pudesse ouvir sua voz, eu teria a sabedoria... a coragem... os meios necessários para seguir." Mas os discípulos tiveram a mesma experiência que a nossa, pois sua capacidade de seguir dependia de no que eles depositavam sua esperança.

Infelizmente, o estado espiritual da humanidade tende a variar tanto quanto o clima.

Para os *nerds* da Bíblia (como nós) que querem saber

Ao conviver com um artesão como José, provavelmente Jesus tinha bastante facilidade em pensar em metáforas de construção. No entanto, quando Jesus pregou sobre a necessidade de ter um alicerce sólido, ele também falou de falsos profetas.

Ele disse: "Tenham cuidado com os falsos profetas. Eles vêm a vocês vestidos de peles de ovelhas, mas por dentro são lobos devoradores. Pelos seus frutos vocês os reconhecerão. Alguém pode colher uvas de um espinheiro ou figos de ervas daninhas? Semelhantemente, toda árvore boa dá frutos bons, mas a árvore ruim dá frutos ruins. Uma árvore boa não pode dar frutos ruins, tampouco uma árvore ruim pode dar frutos bons. Toda árvore que não produz bons frutos é cortada e lançada no fogo. Assim, pelos seus frutos vocês os reconhecerão. Nem todo aquele que me diz: 'Senhor, Senhor' entrará no reino dos céus, mas apenas aquele que faz a vontade do meu Pai, que está nos céus." (Mateus 7:15-21)

Em Ezequiel 13, Deus usou outra metáfora de construção ao abordar a questão dos falsos profetas. Esses homens estavam "cobrindo de cal" problemas relevantes para encobrir o pecado do povo. Contudo, as paredes que eles construíram eram de má qualidade, estavam descobertas e não sobreviveriam às tempestades que se aproximavam.

Sem dúvida, não foi uma coincidência que o pai terreno de Jesus fosse carpinteiro, bem como Jesus. De certa forma, o mesmo aconteceu com o Pai celestial, pois Deus construiu o mundo inteiro e continua a sustentá-lo, apesar das consequências destrutivas do pecado.

Sua vez

1. Sinceramente, o que faz você sentir mais segurança e estabilidade? Em outras palavras, onde você construiu sua casa metafórica?

Casa construída sobre a areia

— No entanto, quem ouve estas minhas palavras e não as pratica é como o insensato que construiu a sua casa sobre a areia. Caiu a chuva, transbordaram os rios, sopraram os ventos e deram contra aquela casa. Ela caiu, e foi grande a sua queda.

Mateus 7:26-27

O problema com as tempestades é que elas são imprevisíveis (desculpem, meteorologistas): nunca sabemos quais serão as consequências. O granizo deixará amassados? O vento arrancará as telhas? O tornado passará em nossa rua? Seremos sugados para seu vórtice junto com todo o resto?

Existem também as tempestades emocionais, aquelas que vêm com um conjunto totalmente diferente de questionamentos. Vou perder meu emprego? Vou ficar sozinho para sempre? Será que algum dia me livrarei do vício? A pessoa que amo sofrerá ou morrerá? Eu vou morrer?

Queremos saber com antecedência como as coisas vão terminar, embora raramente isso seja possível.

Entretanto, isso não significa que nunca será.

Acontece que os discípulos tinham perguntas semelhantes sobre a vida deles, sobre Jesus e sobre o que o futuro lhes reservaria (João 13:36—14:11; 21:15-22; Atos 1:6-8). Claro, agora sabemos que as respostas teriam sido muito difíceis de suportar, pois dez dos doze foram martirizados por serem leais a Cristo. No entanto, pouco antes de ressuscitar seu amigo Lázaro dentre os mortos, Jesus disse: "Eu sou a ressurreição e a vida. Aquele que crê em mim, ainda que morra, viverá; e todo aquele que vive e crê em mim jamais morrerá eternamente." (João 11:25-26)

Contudo, apesar de ter sido milagrosamente ressuscitado dos mortos, Lázaro acabou morrendo, o que levanta a questão: qual era o sentido da ressurreição? Dar a ele mais alguns anos em nosso planeta defeituoso e cheio de pecados? Poupar momentaneamente suas irmãs da dor que elas acabariam sentindo uma segunda vez? Por que suspender o sofrimento de todos quando o sofrimento certamente viria?

A resposta é simples: para saber como a história vai terminar.

Sua vez

2. Que tempestades você está enfrentando?

3. De que maneira você está construindo sua casa — e sua esperança — na areia? De que maneira está construindo sobre a Rocha?

4. Quando Deus faz uma promessa, ele cumpre. Circule as promessas a seguir que oferecem um alicerce mais firme.

Será que você não sabe? Nunca ouviu falar? O Senhor é o Deus eterno, o Criador de toda a terra. Ele não se cansa nem fica exausto; a sua sabedoria é insondável. Ele fortalece o cansado e dá grande vigor ao que está sem forças. Até os jovens se cansam e ficam exaustos, e os moços certamente tropeçam, mas aqueles que esperam no Senhor renovam as suas forças, voam alto como as águias, correm e não ficam exaustos, andam e não se cansam.
Isaías 40:28-31

— Deixo com vocês a paz; a minha paz dou a vocês. Não a dou como o mundo a dá. Não se perturbe o coração de vocês nem tenham medo.
João 14:27

O meu Deus suprirá todas as necessidades de vocês, de acordo com as suas gloriosas riquezas em Cristo Jesus. A nosso Deus e Pai seja a glória pelos séculos dos séculos. Amém.
Filipenses 4:19-20

O seu divino poder nos deu tudo de que necessitamos para a vida e a piedade, por meio do conhecimento daquele que nos chamou para a sua própria glória e virtude. Dessa maneira, ele nos deu as suas grandiosas e preciosas promessas, para que por elas vocês se tornassem participantes da natureza divina, tendo escapado da corrupção que há no mundo, causada pelos maus desejos.
2Pedro 1:3-4

Palavra de ação

— Nem todo aquele que me diz: "Senhor, Senhor" entrará no reino dos céus, mas apenas aquele que faz a vontade do meu Pai, que está nos céus. Muitos me dirão naquele dia: "Senhor, Senhor, não profetizamos em teu nome? Em teu nome não expulsamos demônios e não realizamos muitos milagres?" Então,

eu lhes direi claramente: "Nunca
os conheci. Afastem-se de mim,
vocês que praticam a iniquidade!"
Mateus 7:21-23

Há uma conexão óbvia entre palavra e ação. Vemos isso na vida cotidiana e reclamamos quando o comportamento de alguém não corresponde ao que ele diz acreditar. Acusamos prontamente e descartamos uma pessoa que parece hipócrita. Não suportamos isso.

Da mesma forma, não basta apenas concordar com as palavras de Jesus. Afinal, ele pediu que seus escolhidos ouçam suas palavras *e as cumpram.* É claro que a salvação é baseada apenas na morte e ressurreição de Jesus: "Se com a boca você confessar que Jesus é Senhor e crer no seu coração que Deus o ressuscitou dentre os mortos, será salvo." (Romanos 10:9.) Mas crer em Jesus significa *segui-lo*, e *seguir* é um verbo que indica ação. Ou seja, aqueles que creem em Jesus fazem o que ele diz.

Bem simples, não é? Nossas ações correspondem a nossas palavras porque nosso coração se rendeu ao Senhor. Contudo, fica mais difícil se entregar quando as

Para os *nerds* da Bíblia (como nós) que querem saber

Nem ***'āman*** (uma das palavras hebraicas mais usadas como sinônimo de "crer" no Antigo Testamento) nem ***pisteuō*** (palavra grega usada no Novo Testamento como sinônimo de "crer") descrevem mera concordância, mas implicam uma confiança comprometida.

Em nosso idioma, fazemos essa distinção usando um complemento. Por exemplo, reconhecemos a diferença entre acreditar que uma pessoa específica é o líder de nossa nação (concordar) e acreditar em uma pessoa específica como o líder de nosso país (confiança comprometida).

No Novo Testamento, Tiago (não o apóstolo Tiago, e sim o irmão mais novo de Jesus, que acabou se convertendo) comentou sobre esta importante distinção: "Você crê que existe um só Deus? Muito bem! Até mesmo os demônios creem — e estremecem!" (Tiago 2:19.) E então ele chamou as pessoas para a crença verdadeira, isto é, para uma confiança comprometida, que é demonstrada no modo em que elas vivem.

Tiago mencionou Abraão como um excelente exemplo do Antigo Testamento (Tiago 2:20-23). Como modelo de fé, Abraão não ganhou sua salvação ao crer; em vez disso, sua obediência a Deus demonstrou que sua crença era uma confiança verdadeira e comprometida. O apóstolo Paulo também menciona Abraão: "Se, de fato, Abraão foi justificado pelas obras, ele tem do que se gloriar, mas não diante de Deus. Que diz a Escritura? 'Abraão creu em Deus, e isso lhe foi atribuído como justiça'. Ora, o salário do homem que trabalha não é considerado como favor, mas como dívida. No entanto, ao que não trabalha, mas crê naquele que justifica o ímpio, a sua fé é atribuída como justiça" (Romanos 4:2-5).

Portanto, para nós, nossa crença em Jesus Cristo como nosso Salvador (Efésios 2:8,9) é demonstrada mediante nossa obediência a ele como Senhor (v. 10).

Hipocrisia: prática de alegar ter padrões morais ou crenças que não correspondem ao próprio comportamento; fingimento.

Render-se: submeter-se à autoridade de outro.

Senhor: **alguém ou algo que tem poder, autoridade ou influência sobre outro; mestre ou governante.**

águas da inundação sobem. Especificamente, confiar em Jesus quando a situação financeira está ruim ou quando um ente querido adoece vai contra nossa própria natureza; preferimos controlar, lutar e de alguma forma gerenciar essas coisas. No entanto, seguir significa entregar o controle. Nós não suportamos isso.

Então, como escolhemos abdicar do controle e chamar Jesus de "Senhor"? Como garantir que nossas ações correspondam a nossas palavras? Como manter uma postura de fé que não depende da direção (ou da intensidade) do vento? Como nos posicionamos na Rocha de nossa salvação? A resposta é simples: nós subsistimos.

A minha alma descansa somente em Deus; dele vem a minha salvação. Somente ele é a minha rocha e a minha salvação; ele é a minha torre segura! Jamais serei abalado! **Salmos 62:1-2**

Sua vez

5. O que torna você hipócrita? (O pecado faz que cada um de nós seja hipócrita até certo ponto, de modo que literalmente todos devem ser capazes de responder a essa pergunta.)

6. Leia João 14:6, Efésios 2:10 e Gálatas 2:20-21. Com suas próprias palavras, explique a relação entre ser salvo somente pela graça e fazer boas obras.

7. Releia Mateus 7:24. O que Jesus compara a construir a casa sobre a rocha? O que especificamente você pode fazer hoje em resposta ao que ele disse?

Permanecer

— Permaneçam em mim, e eu permanecerei em vocês. Como um ramo não pode dar fruto por si mesmo se não permanecer na videira, assim vocês também não podem dar fruto se não permanecerem em mim. [...] Como o Pai me amou, assim eu os amei; permaneçam no meu amor. Se vocês obedecerem aos meus mandamentos, permanecerão no meu amor, assim como tenho obedecido aos mandamentos do meu Pai e permaneço no amor dele.

João 15:4,9-10

Subsistir: permanecer estável ou fixo em um estado; continuar em um lugar.

A Bíblia é repleta de palavras imagéticas (metáforas sobre rocha e areia, frutos e videiras) porque nós, humanos, entendemos melhor a natureza de nosso Deus invisível por meio de sua criação visível. E o significado dessas metáforas particulares é o mesmo: Jesus é a fonte de nossa força, o fundamento de nossa esperança e o centro das Escrituras!

Seguimos Jesus não para que nossa vida esteja livre de tempestades, mas porque este mundo não é tudo. Seguimos porque ele tem controle sobre a própria morte e prometeu nos ressuscitar para a vida no céu, onde as tempestades serão acalmadas para sempre. Seguimos porque, enquanto isso, ele promete jamais nos deixar nem nos abandonar — ser o alicerce sólido sobre o qual estamos.

De fato, a única maneira de evitar ser abalado pelas tempestades da vida é conhecer e permanecer em Jesus. Crer em suas promessas e fazer o que ele diz, pois o vento e o mar lhe obedecem (Mateus 8:27). E em seu poder e por sua graça não seremos abalados.

Sua vez

"Sejam fortes e corajosos. Não tenham medo nem fiquem apavorados por causa delas, pois o SENHOR, o seu Deus, vai com vocês; nunca os deixará nem os abandonará."
Deuteronômio 31:6

8. Examinando mais de perto a metáfora da videira e dos ramos de João 15, cite uma forma de permanecer em Jesus hoje.

Foco da oração

Louve Jesus por ser nosso alicerce seguro, a Rocha da nossa salvação e nossa esperança futura. Agradeça a ele por prometer permanecer conosco em todas as tempestades. Peça mais fé para crer em suas palavras e maior senso de sua paz e presença em meio ao caos. Ore pedindo forças para continuar seguindo, por mais que as circunstâncias sejam difíceis, sabendo que o caminho de Jesus é correto, bom e verdadeiro.

Modelo de oração

Querido Jesus,

Ainda bem que o Senhor se revelou como a Rocha da salvação. Agradeço por não ter que tentar me salvar por conta própria, pois confio no Senhor. E agradeço porque, melhor do que qualquer outra rocha, o Senhor é o alicerce mais seguro e inabalável para dar vida e esperança. No entanto (e como o Senhor já sabe), estou passando por tempestades e estou tentando administrá-las. Por favor, ajude-me a confiar no Senhor em meio a essas dificuldades; ajude-me a experimentar mais de sua paz neste momento. Em vez de me afastar, quero permanecer no Senhor, obtendo coragem, força e esperança. Por favor, ajude-me. Pela obra de seu Espírito em minha vida, surpreenda-me com algum fruto de obediência que vem apenas do Senhor, e não de meus próprios esforços. E eu o louvarei por isso.

Amém.

CENA EXTERNA — *CAMPO (PRIMAVERA, DIA)*

(Verônica, a mulher com fluxo de sangue, está lavando roupa quando Éden chega com uma pilha de roupas.)

ÉDEN: Shalom, Verônica.

VERÔNICA: Sua casa não está mais vazia.

ÉDEN: O quê?

VERÔNICA: Essas parecem ser túnicas masculinas.

ÉDEN *(mergulhando as roupas na água)*: Meu marido e os amigos dele voltaram para casa.

VERÔNICA: O lugar perfeito.

ÉDEN: Garanto que não há nada de perfeito na minha casa... ou em mim.

VERÔNICA: Eu quis dizer o Éden. O jardim.

ÉDEN: O que trouxe você de Cesareia de Filipe até aqui?

VERÔNICA: Vim ouvir o Pregador, no monte.

ÉDEN: Claro.

VERÔNICA: Com certeza, você estava lá.

ÉDEN: Sim! Sim, eu... *(distraída por um pensamento obscuro)* Eu estava.

VERÔNICA: O que foi? Não gostou do que ouviu?

ÉDEN: Gostei. Só que muita coisa aconteceu desde então. *(mudando de assunto)* Deve ter sido uma viagem difícil com esse...

VERÔNICA: O quê?

ÉDEN: Com esse... Não sei, você manca.

VERÔNICA: Minhas pernas estão bem. Eu...

(De repente, as duas mulheres estão desconfortáveis, e Verônica começa a sangrar. Ela cobre o local. Os olhos de Éden se voltam para a pilha de roupa ensanguentada.)

ÉDEN: Há quanto tempo você...

VERÔNICA: Doze anos.

ÉDEN: Você quer dizer dias?

VERÔNICA: Quero dizer anos.

ÉDEN: Doze!? Como é possível?

VERÔNICA: É uma doença rara.

ÉDEN: Como você sobrevive?

VERÔNICA: Isso só me enfraquece. É melhor você se afastar. Se você tocar em qualquer coisa, ficará ritualmente impura e incapaz de tocar em seu marido por sete dias.

ÉDEN: Ah, eu garanto a você, eu não tenho tocado em meu marido.

(Verônica ergue as sobrancelhas. Eles lavam roupas em silêncio. Depois de mais alguns olhares de Éden para a pilha de roupa ensanguentada, Verônica revela...)

VERÔNICA: Não há cura para a minha doença. Gastei todo o meu dinheiro com médicos, e eles só pioraram as coisas. Sem esperança.

ÉDEN: Então, o que você faz sem esperança?

VERÔNICA: Não perdi *toda* a esperança. Não há cura pelos médicos. Mas pode haver outra forma.

"Não acumulem para
vocês tesouros na terra,
onde a traça e a ferrugem
destroem e onde os ladrões
arrombam e furtam. Mas
acumulem para vocês
tesouros nos céus, onde
a traça e a ferrugem
não destroem e onde os
ladrões não arrombam nem
furtam. Pois, onde estiver
o seu tesouro, ali também
estará o seu coração."

Mateus 6:19-21

Quinta lição

ALEGRE-SE
com o que Jesus se alegra

CENA INTERNA — *CASA DE SIMÃO*

(Jesus está sentado com Mateus, André, Tiaguinho e Filipe. Há alguns odres vazios pendurados no local. Éden coloca um prato diante de Jesus.)

JESUS: Agora vou encerrar meu jejum. Obrigado, Éden!

ÉDEN: Por nada.

TIAGUINHO: Você jejuou enquanto estava fora?

JESUS: Não, só de um dia para o outro. Oito horas *(morde um pepino)*. Éden! Esses pepinos em conserva estão uma delícia!

(Inclinando-se sobre a pia, Éden franze os lábios e controla a emoção. Mateus percebe um olhar de preocupação, mas de sabedoria, no rosto de Jesus. Ele não diz nada.)

FILIPE: Eu queria perguntar a você sobre o jejum.

JESUS: É algo que felizmente não estou fazendo agora.

FILIPE: João exigia que jejuássemos periodicamente, e você nunca nos pediu. Quer dizer, teve aquela vez em que comemos as espigas no campo de trigo, mas estávamos com fome. Não foi um jejum intencional.

JESUS: O que você quer dizer?

FILIPE: Os fariseus jejuam o tempo todo.

ANDRÉ: Eles fazem um drama com isso, desfiguram o rosto.

FILIPE: Se é algo importante para eles, e descobrem que não jejuamos, não acha que eles podem, talvez, usar isso contra nós?

JESUS: Os convidados do casamento podem se lamentar enquanto o noivo está com eles? Virão dias em que o noivo lhes será tirado, e então vocês jejuarão.

MATEUS: Tirado?

JESUS *(para Mateus)*: Já explico. *(para Filipe)* Quando você jejuou antes, pelo que você orou?

FILIPE: Por sua chegada.

ANDRÉ: Certo, então qual seria o sentido agora?

JESUS: Exatamente. Éden, você tem algum vinho fermentando agora?

ÉDEN: Sim, no quarto dos fundos.

JESUS: Tiago, por favor, pegue aquele odre vazio.

FILIPE *(inclinando-se para a frente)*: Ah, lá vem uma lição.

JESUS: Éden, a última vez que você verificou o vinho, como ele estava?

ÉDEN: Como sempre fica nessa etapa: meio que borbulhando, com pequenas nuvens de ar saindo de vez em quando.

JESUS: Tiago, como é esse odre?

TIAGUINHO: Rígido. Pouco flexível.

JESUS: Então, se Éden colocasse o vinho novo naquele recipiente, o que aconteceria?

FILIPE: O couro velho não conseguiria mais esticar.

MATEUS: O vinho novo continuaria se expandindo e explodiria.

JESUS: O vinho novo deve ser colocado em odres novos.

ANDRÉ: Serei o primeiro a admitir que não entendi.

JESUS: Os caminhos do reino que estou trazendo a este mundo não cabem nos velhos recipientes ou estruturas.

FILIPE *(começando a entender)*: É divertido ser revolucionário.

As bênçãos e o Noivo

No episódio 5 da terceira temporada, vemos os seguidores de Jesus sentirem vários tipos de alegria. Zebedeu celebra seu novo interesse na produção de azeite e inclui seus amigos talentosos e focados nos negócios. Apesar dos problemas em casa, Simão e seu (improvável) novo amigo, Gaio, desenvolvem um projeto comunitário. E Jesus retorna aos discípulos ansiosos, que mais uma vez se alegram em sua companhia e em seus ensinamentos sobrenaturais.

Deleitar-se:
sentir prazer; proporcionar alegria ou satisfação.

O negócio é o seguinte: Deus quer que as pessoas desfrutem de todos os itens apresentados: relacionamentos, novas descobertas, trabalho em equipe, trabalho bem-feito, uma refeição saborosa, uma comunidade próspera, um lar para voltar no final de um longo dia.

Releia o parágrafo anterior. Deus quer que você aproveite o mundo que ele fez porque o que ele fez é bom.

Deus viu tudo o que havia feito e percebeu que tudo havia ficado muito bom. Passaram-se a tarde e a manhã; esse foi o sexto dia.
Gênesis 1:31

No entanto, ainda mais do que bênçãos terrenas, Deus quer que você desfrute *dele*. Que o seu relacionamento com ele seja seu maior tesouro. Que você esteja ansioso para passar tempo aos pés dele, ouvindo e meditando nas palavras dele. Que esteja cheio de alegria e paz como consequência da presença dele. Que leve a sabedoria, o amor e a graça dele em seus relacionamentos com os outros. E que a forma pela qual você vê e experimenta o mundo seja fundamental e irrevogavelmente reformada pela forma de *ele* ver o mundo.

Ele quer que você se deleite em seu relacionamento com o Noivo.

Sua vez

1. Cite algumas coisas de sua vida (bênçãos de Deus) que realmente agradam a você.

Odres

— Ninguém põe remendo de pano novo em roupa velha, pois o remendo forçará a roupa, tornando pior o rasgo. Nem se põe vinho novo em odres velhos; se o fizer, os odres se romperão, o vinho se derramará, e os odres se estragarão. Ao contrário, põe-se vinho novo em odres novos, e ambos se conservam.

Mateus 9:16-17

Sinceramente, às vezes é mais fácil praticar religião do que buscar um relacionamento. Ou seja, parece mais confortável nos apoiarmos em nosso próprio comportamento, não em Jesus, e muitas vezes acreditamos que seguir é simplesmente obedecer a um conjunto de regras e regulamentos — coisas que devemos fazer e o tipo de pessoa que devemos ser para manter nossa boa posição com Deus e os outros. Embora *seguir* denote ação, e embora conhecer Jesus produza arrependimento e mudança de vida, nosso comportamento não é o objetivo final.

Religião:
conjunto pessoal ou sistema institucionalizado de atitudes, crenças e práticas.

Relacionamento:
estado em que duas pessoas estão conectadas.

Nosso relacionamento com nosso Criador, o Noivo, é o objetivo final. E, em Jesus, é algo novo.

Para os *nerds* da Bíblia (como nós) que querem saber

Tanto no Antigo como no Novo Testamentos, apresenta-se o relacionamento de um noivo com a noiva como uma imagem do relacionamento de Deus com o povo escolhido.

Por exemplo, Isaías observa que "como o noivo se regozija com a noiva, assim o seu Deus se regozija com você" (Isaías 62:5).

Paulo compara o amor de um marido pela esposa ao amor que Cristo tem pela igreja (Efésios 5:25-29).

Nas Escrituras, também lemos que a infidelidade no relacionamento com Deus traz tristeza da mesma forma que a infidelidade no casamento (por exemplo, Jeremias 2:1-3,32).

No entanto, com persistência e fidelidade, Deus busca seu povo para um relacionamento com ele (Oseias 1—3).

Em uma combinação de palavras imagéticas, a alegria do casamento é aplicada até mesmo ao que será a eternidade com o povo de Deus habitando a nova Jerusalém "preparada como uma noiva adornada para o seu esposo" e apresentada como "a noiva, a esposa do Cordeiro" (Apocalipse 21:2,9).

Para esclarecer, o relacionamento com Deus sempre esteve disponível pela graça por meio da fé (Romanos 4:1-8), mas ninguém jamais foi "bom" o suficiente para *merecer* sua própria salvação (Gálatas 2:16). Nos dias do Antigo Testamento, os israelitas tinham de obedecer à lei de Moisés. Em troca, Deus prometeu liderá-los, protegê-los e abençoá-los (Deuteronômio 30:15-18; 1Samuel 12:14-15). Contudo, o povo não era capaz de cumprir a lei. Então, para permanecerem cientes da ofensa de seu pecado, e por causa da santidade de Deus, precisavam fazer os devidos sacrifícios de expiação repetidas vezes.

Dessa forma, a "antiga aliança" mostrava ao povo a necessidade de confiar na graça de Deus para obter salvação (Hebreus 9:1-10). Contudo, também apontava para a "nova aliança", pois o que o povo não era capaz de realizar por conta própria Deus faria por eles. E faz por nós.

"Portanto, agora já não há condenação para os que estão em Cristo Jesus, porque, em Cristo Jesus, a lei do Espírito da vida libertou você da lei do pecado e da morte. Porque aquilo que a lei era incapaz de fazer, visto que estava enfraquecida pela carne, Deus o fez, enviando o seu próprio Filho, em semelhança à carne pecaminosa, como oferta pelo pecado. Assim, condenou o pecado na carne, a fim de que os preceitos da lei fossem cumpridos em nós, que não vivemos segundo a carne, mas segundo o Espírito." (Romanos 8:1-4)

Jesus inaugurou a nova aliança e cumpriu a antiga promessa ao se tornar, *ele mesmo*, o sacrifício definitivo

"Vejam, eu farei uma coisa nova! Ela está prestes a acontecer! Vocês não a percebem? Até no deserto vou abrir um caminho e riachos no ermo."
Isaías 43:19

Graça:
favor imerecido de Deus para com o homem.

Santo:
distinto, separado, perfeito e intocado pelo pecado.

Expiação:
fazer correções ou reparos. Os sacrifícios expiatórios adequados para os israelitas do Antigo Testamento são descritos em detalhes no livro de Levítico.

Aliança:
um acordo vinculante.

"'Não será como a aliança que fiz com os seus antepassados, quando os tomei pela mão para tirá-los da terra do Egito. Porque quebraram a minha aliança, apesar de eu ser o marido deles', declara o Senhor. 'Esta é a aliança que farei com o povo de Israel depois daqueles dias', declara o Senhor: 'Porei a minha lei no íntimo deles e a escreverei no seu coração. Serei o Deus deles, e eles serão o meu povo.'"
Jeremias 31:31-33

e perfeito pelo pecado. E isso mudou tudo! Infelizmente, às vezes ainda agimos da maneira antiga. Estamos cientes do nosso pecado e de nossa total incapacidade de sermos perfeitos, mas tentamos melhorar segundo nossas próprias forças. *Vou orar mais. Vou ler mais a Bíblia. Vou telefonar mais para a minha avó.* Você entendeu a ideia. Acrescente a isso nossa tendência de justificar o pecado comparando-nos aos outros: *Pelo menos não sou tão ruim quanto fulano e beltrano.*

Acabamos tendo mais religião... e menos relacionamento.

Jesus usou a metáfora do odre para ajudar os seguidores a entenderem que ele estava iniciando algo novo: um caminho de volta ao relacionamento com Deus, conforme planejado no jardim do Éden, quando tudo era feliz e belo, alegre e pacífico. Para esse fim, Jesus não é apenas mais uma peça de um quebra-cabeça religioso. Não é uma continuação de um antigo modo de vida. E certamente não é um "bom" professor de prática religiosa comum (pense em Maomé, Gandhi, Buda, entre outros).

Jesus, junto com o tipo de relacionamento que ele oferece livremente, é a coisa nova.

E a maioria de nós está fazendo errado.

Sua vez

2. Quais são suas práticas religiosas? Ou seja, o que você se sente compelido a fazer para ser "bom"?

3. Leia Mateus 6:16-18 e explique por que as práticas religiosas dos fariseus às vezes atrapalhavam o relacionamento deles com Deus.

4. Descreva seu relacionamento com Jesus. É de formalidade ou de intimidade? É chato ou revigorante? Ou (mais provavelmente) até que ponto é uma mistura de todos os itens anteriores?

Animais de carga

— Venham a mim todos os que estão cansados e sobrecarregados, e eu darei descanso a vocês. Tomem sobre vocês o meu jugo e aprendam de mim, porque sou manso e humilde de coração, e vocês encontrarão descanso para a alma. Pois o meu jugo é suave, e o meu fardo é leve.

Mateus 11:28-30

Jesus fez um belo convite: trocar o jugo pelo descanso. Entretanto, em vez de aceitar sua oferta, é mais comum praticarmos a religião e nos apegarmos aos nossos fardos com firmeza. E a vida é difícil e nossas lutas são muitas, o que significa que nossas cargas são pesadas. A religião em si pode ser pesada. No entanto, Jesus nos

Para os *nerds* da Bíblia (como nós) que querem saber

No mundo predominantemente agrário do primeiro século, as pessoas entendiam a referência de Jesus a um jugo. Tratava-se de uma armação de madeira presa ao pescoço e aos ombros de um ou dois animais (geralmente bois) para que trabalhassem melhor juntos (1Samuel 6:7; 11:7; Lucas 14:19). Esse par de animais era um antigo símbolo de sujeição de um ao outro (Gênesis 27:40; Levítico 26:13; Deuteronômio 28:48; Jeremias 27:1-7; Gálatas 5:1; 1Timóteo 6:1). No judaísmo, o jugo simbolizava a lei do Antigo Testamento. A interpretação mais típica dos fariseus a respeito da lei estava carregada de exigências pesadas criadas pelo homem (Mateus 23:4). Contudo, estar preso a um "jugo" com Jesus (ficar em sintonia com ele e mover-se em sua direção) não é um caminho oneroso de sujeição às exigências humanas, mas sim o caminho tranquilo do amor e da fé nele (1João 5:1-5).

convida a tomar *o jugo dele*: trocar religião por relacionamento, o que é terreno pelo que é celestial, o que é pesado pelo que é leve. Ele nos convida a crer nele e a depositar nossa confiança nele.

E este é o pulo do gato: Deus se alegra conosco quando fazemos isso.

Trouxe-me para um lugar espaçoso; livrou-me,
porque tinha prazer em mim
Salmos 18:19 (ARC)

O Senhor se agrada dos que o temem, dos
que depositam a esperança no seu amor leal.
Salmos 147:11

O Senhor agrada-se do seu povo; ele coroa
de vitória os oprimidos. Regozijem-se os seus fiéis
nessa glória e em seu leito cantem alegremente!
Salmos 149:4-5

"O Senhor, o seu Deus, está no seu meio, um guerreiro
poderoso para salvar. Ele terá imensa alegria
em você; com o seu amor a renovará."
Sofonias 3:17

Deus se alegra com sua criação. E se alegra com nossa companhia porque ele nos fez! Ele se alegra quando aceitamos seu perdão e sua graça. Ele se alegra quando o adoramos e respeitamos sua santidade. Ele se alegra na fé e na esperança que depositamos nele. Ele se alegra quando participamos da obra de seu reino.

Ele se alegra em você. Embora essa não seja a mensagem que a religião destaca com mais frequência, nossos fardos seriam tão menores (e nosso tesouro celestial seria ainda maior) se também nos alegrássemos nele!

Sua vez

5. Que fardos você está carregando que Jesus quer carregar?

6. Releia Mateus 11:28-30 e escreva as palavras que descrevem Jesus e o "jugo" dele.

7. Feche os olhos e levante as mãos para o céu, dizendo: *"Jesus, eu entrego nas suas mãos ____________."* (Por exemplo: *"Jesus, eu entrego nas suas mãos as contas que não sei como conseguirei pagar."* Ou: *"Jesus, eu entrego nas suas mãos o meu amigo/meus filhos/meu cônjuge."* Ou: *"Jesus, eu entrego nas suas mãos o meu coração ferido."* Ou: *"Jesus, eu entrego nas suas mãos os fardos que são grandes demais para eu carregar."*)

Hora de deleitar-se

Deleite-se no SENHOR, e ele atenderá
aos desejos do seu coração.
Salmos 37:4

Lembre-se: *crer* denota ação; revela-se em nosso comportamento.

Nós cremos em Jesus, por isso somos amorosos, mesmo quando as pessoas ao nosso redor não são.

Para os *nerds* da Bíblia (como nós) que querem saber

A ideia de se alegrar no momento certo nas providências de Deus lembra o ditado poético do Antigo Testamento em Eclesiastes 3:1-8. Nele, o autor (às vezes, chamado de "Pregador") escreve sobre um tempo para tudo, inclusive "tempo de chorar e tempo de rir; tempo de prantear e tempo de dançar" (v. 4). A letra da música *Turn! Turn! Turn!*, da banda The Byrds, faz uma referência a essa passagem.

O Pregador do Antigo Testamento pensou em se deleitar nas coisas que Deus providenciou no momento certo. "Para tudo há uma ocasião certa; há um tempo certo para cada propósito debaixo do céu: tempo de nascer e tempo de morrer; tempo de plantar e tempo de arrancar o que se plantou; tempo de matar e tempo de curar; tempo de derrubar e tempo de construir; tempo de chorar e tempo de rir; tempo de prantear e tempo de dançar." (Eclesiastes 3:1-4)

Agora Jesus, o Pregador do Novo Testamento, também está chamando seus seguidores para viver as prioridades de Deus e se alegrarem. "Então, os discípulos de João vieram perguntar-lhe: — Por que nós e os fariseus jejuamos, mas os teus discípulos não jejuam? Jesus respondeu: — Como podem os convidados do noivo ficar de luto enquanto o noivo está com eles? Virão dias quando o noivo lhes será tirado e, então, jejuarão." (Mateus 9:14-15)

Nós cremos, por isso acumulamos tesouros no céu sendo generosos na terra. Nós cremos, por isso gastamos nosso tempo edificando o reino de Deus e convidando pessoas para virem e verem. Nós cremos, por isso trocamos nossas dificuldades pelo descanso tão necessário.

Nós cremos, por isso nos deleitamos naquele que se deleita em nós.

Como estudamos na lição anterior, embora nossas escolhas não nos façam merecer um lugar no céu, obedecer a Jesus certamente nos traz benefícios aqui na terra. Afinal, sentir a alegria de Deus em um mundo sombrio e confuso certamente é um benefício. Quando nós nos deleitamos no Senhor — quando oramos, lemos a Palavra, adoramos e falamos sobre ele a outras pessoas —, além de aliviar nossos fardos, ele satisfaz os desejos do nosso próprio coração. Porque, segundo o planejamento divino, um relacionamento com o Senhor *é* o desejo mais profundo de cada coração humano.

A religião é onerosa e impossível de manter. O relacionamento com Jesus, por sua vez, é leve porque (a) ele carrega nossos fardos, (b) ele transforma nosso coração para ser mais parecido com o dele, e (c) ele se deleita em nós assim como nos deleitamos nele.

Sua vez

8. Diga a Deus um motivo de alegria neste momento. Feche os olhos e erga as mãos para o céu, dizendo: *"O Senhor é..."* (Por exemplo: *"O Senhor é gracioso."* Ou: *"O Senhor é misericordioso."* Ou: *"O Senhor é soberano."* Ou: *"O Senhor é todo-poderoso e perfeito em todos os sentidos."*)

Foco da oração

Jesus, o Senhor é gracioso. O Senhor é misericordioso. O Senhor é soberano. O Senhor é todo-poderoso e perfeito em todos os sentidos... (Viu o que fizemos aqui?)

CENA EXTERNA — *MAR DA GALILEIA*

(Verônica, a mulher que não sangra mais porque Jesus a curou, está boiando de barriga para cima na água cintilante.)

JESUS: Você aí!

(Assustada, Verônica se levanta ao ser chamada. Ela logo reconhece Jesus e os discípulos, que estão entrando na água.)

VERÔNICA: Ah, não! Eu o tornei impuro? O sacerdote enviou você?

JESUS: Ele acha que sim. Nós só queríamos dar um mergulho.

SIMÃO: Ele passou vergonha.

MARIA MADALENA: Queríamos encontrar você.

JESUS: Para ver como você está.

VERÔNICA: Obrigada! Eu sei que o incomodei...

JESUS: Foi um incômodo bem-vindo. Meu tipo preferido.

(Jesus olha para Simão, João e Tiagão. Tiagão empurra João para baixo na água pelos ombros. Muitas risadas. Simão logo se junta à brincadeira. João se levanta e revida.)

JESUS *(para Verônica)*: Se me der licença, não posso perder isso.

(Jesus se vira e desvia do respingo. Tadeu, Filipe e os outros agora participam. As mulheres se aproximam de Verônica.)

TAMAR: Doze anos... Como você sobreviveu?

VERÔNICA: É uma longa história.

MARIA MADALENA: Boas histórias geralmente são longas.

(A câmera se afasta lentamente do grupo de discípulos com Jesus. A maioria está nadando, mas Tadeu e Filipe estão sobre os ombros de Jesus e de Tiagão brincando na água. Há risadas e respingos enquanto a tela escurece.)

Modelo de oração

Senhor Jesus,

O Senhor é um Salvador tão incrível, amoroso, misericordioso, gentil, generoso, paciente, perfeito e poderoso. O Senhor é digno de adoração por ser quem é. E o Senhor me deu tantas coisas boas! A salvação do pecado e a esperança da eternidade com Deus são maiores do que às vezes eu entendo. Mas mesmo aqui, em meio às lutas, reconheço que tenho muitas, muitas alegrias. Minha casa, roupas e comida. Minha história e meus talentos, meu trabalho e meus passatempos. Minha família e meus amigos, vizinhos e colegas de trabalho. E, claro, seu Espírito dentro de mim. O Senhor é digno de louvor e de gratidão por todas essas coisas: são dons de Deus. Agradeço por tudo.

Amém.

"Peçam, e será dado a
vocês; busquem e vocês
encontrarão; batam, e a
porta será aberta a vocês.
Pois todo aquele que
pede recebe; o que busca
encontra; e, àquele que
bate, a porta será aberta."

Mateus 7:7-8

PEÇA

CENA EXTERNA — *CIDADE DE TENDAS*

(Jesus está curando a multidão quando percebe um homem mudo com uma placa pendurada no pescoço com barbante. Ele está escrevendo hebraico desesperadamente; seu amigo tenta traduzir rapidamente para Jesus. Jesus diz a ele...)

JESUS: Eu sei.

(Jesus gesticula para Natanael pedindo a faca. Natanael entrega sua lâmina. Jesus corta a corda ao redor do pescoço do homem. A placa cai fazendo barulho. Antes que o homem ou o amigo consigam reagir, Jesus coloca as mãos no pescoço do homem. O ex-mudo mastiga a língua, estica-a, abre bem a boca. Simão e os rapazes chegam perto o suficiente para ouvir.)

EX-MUDO: Jamais tinha dito nada com minha própria voz.

JESUS: Por onde você gostaria de começar?

EX-MUDO *(segurando a túnica de Jesus...)*: Bendito seja, Senhor Deus, Rei do Universo...

JESUS *(puxando o homem para perto...)*: Vamos guardar esses grandes títulos para depois.

SIMÃO: Mestre.

JESUS *(voltando-se para Simão)*: Sim. Quem temos aqui?

JOÃO: Estes são dois discípulos de seu primo, Abner e Nadabe.

ABNER: Jesus de Nazaré.

JESUS *(voltando ao ex-mudo)*: *Esse* nome eu respondo prontamente, embora eu não vá retornar a Nazaré.

SIMÃO: O Batista tem uma pergunta urgente para você.

JESUS: Eu o reconheço desde o dia em que João me apresentou a André.

NADABE: "Eis o Cordeiro de Deus que tira o pecado do mundo."

JESUS: Sim, boa memória. Meu primo pode ficar animado. O que João quer saber?

ABNER: Simão nos trouxe às pressas. Não convém falar sobre isso aqui; podemos conversar mais tarde.

JESUS: Simão?

SIMÃO: Na verdade, acho que este é o momento perfeito.

JESUS *(olhando para a multidão)*: Quem de vocês já experimentou João Batista de alguma forma? *(Muitos acenam com a cabeça, levantam as mãos, dizem "eu".)* Sei que alguns de vocês rejeitaram João, mas alguns de vocês creram em sua mensagem. Ele teve um impacto profundo em muitas pessoas nesta região, e estes são dois de seus discípulos. Vamos recebê-los.

(Algumas palmas e palavras de apoio. Abner e Nadabe parecem estar mais nervosos. Simão parece satisfeito com a tensão crescente.)

JESUS *(continuando)*: Alguns de vocês devem saber que João está atualmente preso por Herodes em Maqueronte. Acho que seria muito instrutivo ouvir o que ele pensa em meio a esse desafio.

ABNER *(hesitante)*: É uma pergunta difícil, talvez seja melhor responder em particular.

JESUS *(baixinho, para Abner)*: Está tudo certo. Isso faz bem.

ABNER: Ele nos enviou para perguntar se você... é realmente Aquele que há de vir... *(grande silêncio)* Ou devemos procurar outra pessoa?

JESUS: Pode repetir essa última parte?

NADABE: Devemos procurar outra pessoa?

JESUS: Para aqueles que não ouviram... João Batista, meu primo que preparou o caminho para mim, está questionando se eu sou o Messias. Ou se talvez devêssemos continuar esperando. *(voltando-se para os discípulos de João)* João está ficando impaciente, né? É uma de suas peculiaridades.

NADABE: Ele não deu detalhes, apenas nos enviou para fazer a pergunta.

JESUS: Hum.

ABNER: Ele... está na prisão há muito tempo.

NADABE: Recebemos a notícia sobre o que aconteceu em Nazaré, quando você disse que o Espírito do Senhor está sobre você para proclamar liberdade aos cativos.

ABNER: Se você diz que está aqui para libertar prisioneiros, por que ele continua preso? Ele se pergunta por que você permitiria que um rei impostor interrompesse todo o seu ministério.

JESUS: Proclamar liberdade aos cativos pode significar mais do que apenas libertar os presos. Há muitos tipos de cativeiro que prendem as pessoas.

NADABE: É o que devemos dizer a ele?

JESUS: Não, estou dizendo só para vocês.

ABNER: Ouvimos falar que nossos ex-companheiros André e Filipe foram para Decápolis. É aí que você está planejando lançar a revolução para derrubar Roma?

JESUS: Tenho algo em mente para Decápolis, e será revolucionário, mas provavelmente não da forma que estão pensando.

NADABE *(ficando impaciente)*: O que devemos contar a ele?

JESUS: Vá e diga a João o que você ouviu e viu: os cegos veem, os coxos andam, os leprosos são purificados, os mudos falam e as boas-novas são anunciadas aos pobres.

Expectativas

Ao entrar em cena na época tumultuada do mundo mediterrâneo do primeiro século, Jesus não era exatamente o que as pessoas procuravam. Muitos dos israelitas esperavam que seu Messias prometido fosse um forte e poderoso libertador dos judeus, aquele que a nação de Israel acreditava que os resgataria da ocupação romana e os levaria de volta à terra natal.

No entanto, como estudamos na lição 3, Jesus não era apenas simples e pobre, esquecido e rejeitado; ele muitas vezes também era mal compreendido. Nem mesmo seus seguidores o entendiam totalmente, pois algumas das coisas que ele dizia eram misteriosas e confusas. Além disso, alguns de seus comportamentos eram surpreendentes e diferentes de qualquer outro mestre ou líder judeu que o precedeu.

Em resumo: Jesus não se encaixava em conceitos preconcebidos e fez os discípulos questionarem, inclusive o dedicado "Preparador do Caminho", João Batista.

O princípio do evangelho de Jesus Cristo, o Filho de Deus, conforme está escrito no profeta Isaías: "Vejam, enviarei o meu mensageiro à sua frente; ele preparará o seu caminho." "Voz do que clama no deserto: 'Preparem o caminho para o Senhor; endireitem as veredas para ele.'" Assim, apareceu João Batista no deserto pregando o batismo de arrependimento para o perdão dos pecados. Pessoas de toda a região da Judeia e todos os habitantes de Jerusalém iam até ele. Quando confessavam os seus pecados, eram batizados por ele no rio Jordão.
Marcos 1:1-5

João já havia identificado Jesus como "o Cordeiro de Deus, que tira o pecado do mundo" (João 1:29) e estava admoestando as pessoas a seguirem Jesus em vez de seguir a ele mesmo (João 3:30). Contudo, agora esse pregador radical do deserto estava na prisão, o que não era o que ele havia imaginado para si mesmo ou para o movimento que havia iniciado, sobretudo se o Messias estivesse próximo.

E, de repente, virou uma grande dúvida.

Sua vez

1. Quais são suas expectativas sobre Jesus e sobre como devemos segui-lo?

Até mesmo o Batista

João, ao ouvir na prisão o que Cristo estava fazendo,
enviou os seus discípulos para lhe perguntarem:

— És tu aquele que haveria de vir ou devemos esperar outro?

Mateus 11:2-3

João Batista estava proclamando a vinda do Messias, que era o propósito divino de sua vida concebida milagrosamente (Lucas 1:5-13). Ele pregava com total desprendimento, espalhando sua mensagem de arrependimento e preparação, apesar de toda a alienação social e religiosa que a acompanhava. Ele se entregava por inteiro. Ele vivia da terra (comia insetos), vestia-se da terra (pelos de camelo) e pregava para quem quisesse ouvir. E então batizou Jesus e testemunhou quando "*os céus se abriram, e ele viu o Espírito de Deus descendo como pomba e pousando sobre ele [Jesus]. Então, uma voz dos céus disse: — Este é o meu Filho amado, em quem tenho prazer*" (Mateus 3:16-17).

Como se não bastasse, vieram os milagres. Jesus estava acumulando seguidores e indo de cidade em cidade, pregando, curando e surpreendendo as multidões. O tempo todo, João estava cumprindo sua missão, persuadindo as pessoas a se arrependerem e apontando-lhes Jesus. Mesmo quando as multidões ao redor de João diminuíram, ele continuou zelando por sua fé, e suas convicções não foram abaladas. "'Eu não sou o Cristo, mas aquele que foi enviado adiante dele.' A noiva pertence ao noivo. O amigo do noivo, que está ao seu lado e o ouve, enche-se de alegria quando ouve a voz do noivo. Esta é a minha alegria, que agora se completa. É necessário que ele [Jesus] cresça e que eu diminua." (João 3:28-30)

João Batista tinha muita fé. Isto é, tinha muita fé até ir parar na prisão. Ele logo descobriu que expectativas não atendidas podem nos desviar do foco. Porque, apesar de todos os milagres que testemunhou, e apesar de ser um cumprimento real da profecia do Antigo Testamento (Isaías 40:3), João não estava imune ao medo ou à frustração. Pelo contrário, suas circunstâncias eram confusas, desanimadoras e até aterrorizantes — e ele vacilou. Naquele momento na cela da prisão, provavelmente se sentiu abandonado por aquele a quem dedicara sua vida. Segundo todos os relatos, parece que Jesus nem mesmo visitou seu fiel primo e servo na prisão.

E surgiram questionamentos.

Sua vez

2. Destaque João 3:28-30 em sua Bíblia e explique no espaço abaixo o que você acha que esses versículos significam.

3. "Pois todo aquele que pede recebe; o que busca encontra; e, àquele que bate, a porta será aberta." À luz de Mateus 7:8, explique por que a pergunta de João para Jesus foi ótima e a forma certa de lidar com a dúvida que ele teve na prisão.

4. Que questionamentos pairam sobre você agora? Que medo ou confusão você precisa levar a Jesus?

Perguntas e respostas

"Jesus respondeu:

— Voltem e anunciem a João o que vocês ouvem e veem: os cegos veem, os aleijados andam, os leprosos são purificados, os surdos ouvem, os mortos são ressuscitados, e o evangelho está sendo pregado aos pobres. Bem-aventurado aquele que não tropeça por minha causa."

Mateus 11:4-6

Jesus não ficou chateado com João. Ele não estava surpreso por João ter um momento de dúvida, muito pelo contrário. Ele respondeu à dúvida de João em duas partes: (1) lembre-se do que você sabe sobre mim; (2) se esforce e confie em mim. Em outras palavras: "Não deixe que este momento o faça desviar, servo bom e fiel. EU SOU quem digo que EU SOU, mesmo quando suas expectativas não são atendidas." Então, Jesus se virou para a multidão e honrou publicamente a fé de João: "Em verdade lhes digo que, entre os que nasceram de mulher, não surgiu ninguém maior do que João Batista." (Mateus 11:11)

Jesus sabe como as expectativas não atendidas podem ser difíceis — é por isso que ele nos incentiva a pedir! Devemos levar ao Senhor nossas dúvidas, confusões e medos, além de todos os questionamentos que eles geram: "Qual homem, do meio de vocês, se o filho pedir pão, lhe dará uma pedra? Ou, se pedir peixe, lhe dará uma cobra? Portanto, se vocês, apesar de serem maus, sabem dar boas coisas aos seus filhos, quanto mais o seu Pai, que está nos céus, dará coisas boas aos que lhe pedirem!" (Mateus 7:9-11)

Para os *nerds* da Bíblia (como nós) que querem saber

Após dizer à multidão que "não surgiu ninguém maior do que João Batista", Jesus completou: "no entanto, o menor no reino de Deus é maior do que ele" (Lucas 7:28).

A quem ele se referia? Bem, a nós.

O segredo para entender esse versículo é reconhecer nosso lugar na história. João Batista foi o último dos profetas do estilo do Antigo Testamento com fé em relação ao futuro sobre a vinda do Messias. Ele conheceu Jesus e interagiu com ele, mas morreu antes da morte e ressurreição de Jesus.

Aqueles de nós que vieram depois de João têm o grande privilégio de ter fé em relação ao passado sobre a obra vitoriosa de Jesus e sobre o início do reino de Deus com a ressurreição. E agora podemos compartilhar o evangelho com um entendimento mais completo do que até mesmo João Batista tinha.

Para os *nerds* da Bíblia (como nós) que querem saber

Jesus compara a maneira de Deus dar com a maneira de os bons pais dar aos filhos. Eles não dão pedras ou serpentes em vez de comida: bons pais sustentam os filhos. Bons pais atendem às necessidades dos filhos com amor, ação, sabedoria e graça.

Também vale observar que bons pais não dão serpentes, mesmo quando os filhos pedem — e às vezes os filhos pedem. Como as crianças, muitas vezes queremos coisas que não são o melhor para nós. É o trabalho de pais amorosos e envolvidos dizer "não" ou "ainda não" com a mesma frequência com que dizem "sim", porque todos nós vemos publicações de mídias sociais, notícias e entrevistas que mostram as consequências de pais que dizem "sim" com muita frequência.

Isso significa que é justo dizer que nosso Pai celestial perfeito não diz e não deve dizer "sim" a tudo o que pedimos.

Claro, isso não significa que Deus sempre responde da maneira que nós (com nosso entendimento limitado) queremos. Ele não é refém de nossas dúvidas ou decepções, como se precisasse provar a si mesmo — os milagres (inclusive a morte e a ressurreição de Jesus) já fizeram isso. Assim, nossas perguntas não determinam as respostas de Deus. Como mencionamos, Jesus não visitou João na prisão nem o tirou de lá. E depois João foi executado (Mateus 14:1-12; Marcos 6:14-29).

Esta, porém, é a beleza disso: assim que perdeu a vida, o Batista foi para o céu, onde sua fé se tornou visão e seus ouvidos ouviram as palavras "Muito bem, servo bom e fiel". E todas as expectativas terrenas que ele teve foram grandemente superadas.

Sua vez

5. Leia Jeremias 29:11, Provérbios 3:5-6 e Hebreus 12:11. Como esses versículos podem afetar a confusão e o medo que você sente ao esperar respostas em Deus?

6. Embora seja verdade que Deus nem sempre responde da forma que queremos, o que *sempre* receberemos quando pedirmos, segundo Tiago 1:5?

7. Releia Mateus 7:7-11. Em vez de se concentrar no que queremos, o que esses versículos revelam sobre o caráter de Deus, bem como sobre o coração dele para conosco?

"Peçam, e será dado a vocês; busquem e vocês encontrarão; batam, e a porta será aberta a vocês. Pois todo aquele que pede recebe; o que busca encontra; e, àquele que bate, a porta será aberta. — Qual homem, do meio de vocês, se o filho pedir pão, lhe dará uma pedra? Ou, se pedir peixe, lhe dará uma cobra? Portanto, se vocês, apesar de serem maus, sabem dar boas coisas aos seus filhos, quanto mais o seu Pai, que está nos céus, dará coisas boas aos que lhe pedirem!"
Mateus 7:7-11

O cerne da questão

Esta é a confiança que temos ao nos aproximar de Deus: se pedimos alguma coisa de acordo com a vontade dele, ele nos ouve. Assim, se sabemos que ele nos ouve em tudo o que pedimos, sabemos que temos dele o que pedimos.
1João 5:14-15

O contexto das Escrituras é importante, e é por isso que a maioria de nós não tem uma mansão. E 1João nos apresenta o contexto, bem como um ingrediente-chave para pedir: peça segundo a vontade de Deus.

Em outras palavras, Deus não está sujeito aos nossos caprichos. Ele não é um gênio da lâmpada, esperando pacientemente para nos conceder desejos. Pelo contrário, ele é o Alfa e o Ômega, Criador e Controlador, Redentor e Restaurador. Ele é o Rei do Universo, onipotente, onisciente e onipresente. Seu entendimento é imensurável (Salmos 147:5). Seus pensamentos não são os nossos pensamentos, nem seus caminhos são os nossos caminhos (Isaías 55:6-9), mas seus planos *são* tanto para o bem (Jeremias 29:11-13) como para a sua glória (Romanos 8:28).

Alfa e Ômega:
o começo e o fim; a primeira e a última letras do alfabeto grego, usadas para designar a abrangência de Deus.

E temos acesso a ele.

E ele nos manda pedir.

Assim, como o Batista, levamos o cerne da questão de nosso coração e de nossa vida ao Senhor, inclusive confusões, dúvidas e medos, pois ele conhece todas as coisas e pode fazer qualquer coisa. Além disso, podemos confiar nele para lidar com nossos questionamentos com cuidado, bondade, paciência e verdade. Em sua perfeita sabedoria e amor abundante, ele fará tudo o que pedirmos que se alinhe com sua perfeita vontade.

Sua vez

8. Faça uma lista dos atributos de Deus que tenham a ver com suas circunstâncias atuais e peça a ele que ofereça os recursos para lidar com a situação. (Por exemplo: Você está com medo? Deus é poderoso e onisciente, e está sempre disponível. Você está confuso? Deus é sábio, soberano e fiel. Você está desanimado? Deus é amoroso e está sempre presente.)

Foco da oração

Agradeça a Deus por convidar você a levar seus questionamentos a ele. Louve-o por prometer responder quando você o fizer. Peça a seu Pai celestial para aumentar sua fé, capacitando você a buscá-lo em primeiro lugar e aceitar suas respostas.

Modelo de oração

Querido Senhor,

Agradeço porque o Senhor não tem medo dos meus questionamentos, medos e dúvidas. Perdoe-me pelas vezes em que tentei me apoiar em minha própria sabedoria, coragem e confiança quando deveria estar me voltando para o Senhor. Agradeço por me convidar a levar meus problemas e perguntas ao Senhor. E agradeço pela motivação em sua resposta a João Batista. Por favor, ajude-me a buscar nas Escrituras as respostas que o Senhor já concedeu e me ajude a ter fé para receber as respostas que ainda estou esperando. Por favor, conceda-me a fé paciente necessária para aceitar o que o Senhor diz como algo amoroso, confiável e verdadeiro.

Amém.

CENA EXTERNA — *RUA LATERAL DE CAFARNAUM (PÔR DO SOL OU NOITE)*

(Simão, Tiago, João e Jesus viram a esquina e entram em uma rua tranquila.)

SIMÃO: Nunca consigo decidir o que é mais legal: observar você fazer milagres ou observar as reações.

JOÃO: Os milagres são melhores quando os fariseus estão por perto. *(Tiagão dá um passo à frente e faz sinal para todos pararem.)*

TIAGÃO: Tudo bem, precisamos levar você a um lugar novo... Você tem um acampamento para o qual devemos levá-lo ou quer ficar na casa de Simão outra vez? Provavelmente melhor se for um lugar novo, talvez com André, acho que seria...

(Todos eles percebem e se voltam para Barnabé e Shula, que saem de um beco. Eles se aproximam lentamente; a mão de Shula está no ombro de Barnabé. Jesus e os outros olham por um momento. Barnabé respira fundo e, olhando para Jesus, aponta para Shula. Jesus lança um olhar empático. Ele sabe do que se trata.)

SHULA *(para Barnabé)*: Quem é? Por que paramos?

BARNABÉ: É ele.

SHULA *(envergonhada)*: Barnabé, não precisamos...

JESUS: Shula, está tudo bem. Obrigado por trazer Barnabé aqui para curar a perna dele.

(Shula ri.)

BARNABÉ: Não, eu a trouxe aqui, é ela que...

JESUS: Eu sei, Barnabé.

BARNABÉ: Ah, claro *(apontando para Shula)*. Por favor, ela não vai pedir.

JESUS: Shula, você tem medo de pedir cura?

SHULA *(abaixando a cabeça)*: Sim.

JESUS: Você tem fé de que eu posso curá-la?

SHULA: Claro.

JESUS: Então, por que não pediu?

SHULA: Você tem muito o que fazer, tantas pessoas que precisam mais de você. Estou acostumada com isso.

JESUS: Shula, levante a cabeça.

SHULA *(rindo)*: Levantar a cabeça? Eu não consigo vê-lo.

JESUS: Eu quero ver você. *(Ela levanta a cabeça.)* Você e Barnabé têm sido tão gentis e amorosos desde que os conheci. Você teve uma fé tão forte, mesmo sem ver nenhum milagre.

SHULA *(emocionada)*: Você redimiu minha amiga. O milagre de Maria ficou tão claro para mim que não precisei ver.

JESUS: Eu sei. Você vê melhor do que a maioria nesta região. Mas... já que seu amigo Barnabé aqui não me deixa em paz...

(Ele pisca para Barnabé, e não é a primeira vez. Jesus levanta a mão esquerda sobre os olhos de Shula e coloca a mão direita atrás do pescoço dela. Barnabé levanta as sobrancelhas, animado. Ao olhar para o céu, Jesus aperta os olhos de Shula, e ela se engasga. Ele afasta as mãos, e os olhos dela estão bem fechados. Ela coloca as mãos sobre os olhos e começa a chorar. Barnabé se inclina.)

BARNABÉ: E aí? Funcionou?

SHULA: Já faz tanto tempo que tenho medo de olhar.

JESUS *(abaixando as mãos)*: Está na hora, Shula.

"Se vocês amarem aqueles que os amam, que mérito terão? Até os pecadores amam aqueles que os amam. E, se fizerem o bem àqueles que são bons com vocês, que mérito terão? Até os pecadores agem assim! Que mérito terão se emprestarem a pessoas de quem esperam devolução? Até os pecadores emprestam a pecadores, esperando receber devolução integral. Amem, porém, os seus inimigos, façam-lhes o bem e emprestem a eles sem esperar receber nada de volta. Então, a recompensa que terão será grande, e vocês serão filhos do Altíssimo, porque ele é bondoso para com os ingratos e maus. Portanto, sejam misericordiosos como é misericordioso o Pai de vocês."

Lucas 6:32-36

Sétima lição

RECEBA
quem Jesus recebe

CENA EXTERNA — *APARTAMENTO DE ANDRÉ (NOITE)*

(Judas está enchendo sacolinhas com pão sírio e tâmaras quando André e Filipe entram pela porta.)

JUDAS: Bem-vindos de volta!

FILIPE: Pelo menos UMA pessoa está feliz em nos ver.

ANDRÉ *(diante da confusão de Judas)*: Ele é um Filipe diferente agora.

FILIPE: Por um bom motivo!

ANDRÉ: Judas, rápido, ferva um pouco de água. *(percebendo as sacolinhas)* O que é isso?

JUDAS: Ah, eu estava fazendo sacolas de comida para os sem-teto. Tiaguinho disse que é uma tradição do Purim.

ANDRÉ: Purim! Eu tinha esquecido completamente.

FILIPE: Como vamos celebrar uma festividade neste momento?

JUDAS: O que você quer dizer? O que aconteceu em Decápolis?

FILIPE: Fizemos uma bagunça. Nosso ensinamento...

ANDRÉ: Nós NÃO fizemos uma bagunça intencionalmente. Pregamos as palavras de nosso rabino, e algumas pessoas... não gostaram. Onde está o vinagre?

JUDAS: Ah, está na prateleira de baixo. Eu reorganizei as garrafas. A maneira com que você organizava não era muito eficiente.

FILIPE: Decápolis está passando por uma grande crise, e você está reorganizando os armários?

ANDRÉ: Filipe, você deveria ser o mais estável do grupo. O que aconteceu com você? Como ele saberia?

JUDAS: Para que você precisa de vinagre?

ANDRÉ: Para desinfetar a ferida.

FILIPE: Para não se espalhar pelo meu corpo mortal e me matar?

ANDRÉ: É isso mesmo! *(André derrama vinagre na ferida, e Filipe uiva de dor.)*

JUDAS: Você ainda não me disse o que fizeram em Decápolis.

ANDRÉ: Não foi o que a gente fez.

FILIPE: Mas o que a gente disse.

JUDAS: Para suavizar as coisas?

ANDRÉ: Às vezes, as pessoas reagem melhor às histórias do que ao ensino, então...

JUDAS: Uma parábola! Que bom! Qual?

ANDRÉ: A do banquete.

FILIPE: A parábola do banquete.

JUDAS: Eu amo um banquete.

FILIPE: Podemos contar para ele.

JUDAS: Sim, eu adoraria ouvir.

ANDRÉ: Obrigado, Filipe. Judas... ela vem diretamente de Jesus. Então, é perfeita... não entenda mal.

JUDAS: Tudo bem. Mas e aí?

ANDRÉ: Acho que talvez Jesus a conte quando quer um desafio.

JUDAS: Vocês foram desafiados?

ANDRÉ *(bem rápido)*: Ah, sim.

FILIPE: Podemos dizer que fomos desafiados. Desafiados descreve bem.

ANDRÉ: Então, é assim: havia um homem rico que estava dando uma grande festa.

FILIPE: Ele queria que muitas pessoas fossem ao grande banquete.

ANDRÉ: E então ele enviou seu servo aos convidados, dizendo: “Venham! Está tudo pronto. Está na hora.”

FILIPE: Mas todos eles deram desculpas. O primeiro disse: "Comprei um campo e preciso ir vê-lo. Por favor, me desculpe."

ANDRÉ: E outro disse: "Comprei cinco juntas de bois e preciso experimentá-las. Não posso ir." Outro disse: "Acabei de me casar e, por isso, não posso ir."

JUDAS: São motivos perfeitamente legítimos.

ANDRÉ *(para Filipe)*: Até os nossos os defendem.

FILIPE: Disseram exatamente o mesmo na multidão.

ANDRÉ: Então, o servo voltou e relatou essas coisas ao senhor. O dono da casa ficou zangado e disse ao servo: "Saia depressa pelas ruas da cidade e traga os pobres, os aleijados, os cegos e os mancos."

FILIPE: Então, ele obedeceu, e eles foram, mas ainda havia espaço no banquete. E o senhor disse: "Saia pelas estradas e sebes, e faça as pessoas entrarem, para que minha casa se encha." *(Judas se mexe com desconforto.)*

JUDAS: Você disse isso a uma multidão mista.

ANDRÉ: Não sabíamos até que ponto a multidão era mista.

JUDAS: Então, "sair e encontrar os que foram deixados de fora" não deu muito certo.

ANDRÉ: Mas deveria. Deus quer que todos compareçam à festa!

FILIPE: O senhor disse: "Eu quero que toda a minha casa fique cheia!" Todos estão convidados!

JUDAS: Vamos ver se entendi. Os judeus entenderam que vocês disseram que Jesus estava chamando os gentios, enquanto os gentios pensaram que vocês os estavam chamando de cidadãos de segunda classe. E então os conservadores que vivem de Jeremias teriam ouvido vocês dizerem que os convidados originais que não queriam comparecer ao banquete perderiam a festa. E os mais versados em Isaías, "Eis que estou fazendo uma coisa nova", provavelmente foram encorajados, mas os gentios estavam lá.

(Uma pausa. Filipe e André olham um para o outro e depois se voltam para Judas.)

ANDRÉ: Sim, você entendeu.

Encrenqueiro

Jesus não tem uma prova de fogo sobre quem ele recebe. Na verdade, suas interações únicas e irrestritas com os outros foram a origem constante de conflito durante seu ministério de três anos. Isso porque os israelitas não eram tão receptivos.

Aliás, nós também não somos. Mas não vamos nos precipitar.

No episódio 7 da terceira temporada, mais uma vez vemos as pessoas ao redor de Jesus tentando entendê-lo. Ele é um pregador, professor ou curador? Ele é um agitador, instigador político ou rebelde revolucionário? Ele é um líder comunitário, um filantropo ou só um cara legal?

> Não há judeu nem grego, nem escravo nem livre, nem homem nem mulher, pois todos são um em Cristo Jesus.
> **Gálatas 3:28**

No primeiro século, tentaram criar uma categoria para Jesus — e fazemos isso desde então. Muitas respostas à pergunta sobre sua identidade circularam ao longo dos anos, sobretudo porque Jesus se associou a todo tipo de pessoa: religiosos e não religiosos, ricos e pobres, jovens e velhos, homens e mulheres, judeus e não judeus.

Ele não rejeita ninguém.

Então, quem é Jesus, *de verdade*? E o que o comportamento dele em relação às pessoas revela sobre o caráter dele? E o que os seguidores aprendem sobre o próprio caráter ao observar o caráter dele?

De fato, aprendem muito.

Sua vez

1. Vamos ser diretos. Quem você tem dificuldade de receber?

O convite

— Certo homem estava preparando um grande banquete e convidou muitas pessoas. Na hora de começar, enviou o seu servo para dizer aos que tinham sido convidados: "Venham, pois tudo já está pronto." Eles, porém, começaram, um por um, a apresentar desculpas. O primeiro disse: "Acabei de comprar uma propriedade e preciso ir vê-la. Por favor, desculpe-me." Outro disse: "Acabei de comprar cinco juntas de bois e vou experimentá-las. Por favor, desculpe-me." Ainda outro disse: "Acabo de me casar, por isso não posso ir." O servo voltou e relatou isso ao seu senhor. Então, o dono da casa ficou irado e ordenou ao seu servo: "Vá rapidamente pelas praças e pelos becos da cidade e traga os pobres, os aleijados, os cegos e os mancos [...]. Vá pelas ruas e pelos caminhos e insista que entrem, para que a minha casa fique cheia."

Lucas 14:16-23

A parábola de Jesus no Evangelho de Lucas (também contada em Mateus 22:1-14) incomodou alguns ouvintes. E isso é um eufemismo, uma vez que eles, de fato, queriam matá-lo por implicar que a salvação de Deus (quem ele "recebia") se estendia para além da nação de Israel: "Então, os fariseus saíram e começaram a planejar um meio de enredá-lo nas suas próprias palavras." (Mateus 22:15.) Retribuindo ao insulto, e como eles estavam rejeitando Jesus, o senhor lhes daria exatamente o que queriam: *ele* os rejeitaria: "Eu digo a vocês que nenhum daqueles que foram convidados provará do meu banquete." (Lucas 14:24)

Isso era totalmente contracultural para aqueles que esperavam que a salvação fosse oferecida apenas aos judeus, o que era um equívoco comum. Muitas pessoas confundiram a mensagem do Antigo Testamento de que a salvação viria por intermédio dos judeus com a ideia de que a salvação viria apenas para os judeus.

Essa é uma grande diferença, obviamente. Mas, como se vê, o convite de Deus é muito mais inclusivo do que a maioria das pessoas espera que seja. De fato, *todos* os

Se com a boca você confessar que Jesus é Senhor e crer no seu coração que Deus o ressuscitou dentre os mortos, será salvo. Porque com o coração se crê para a justiça e com a boca se confessa para a salvação. Pois a Escritura diz: "Todo aquele que nele confia jamais será envergonhado." Portanto, não há diferença entre judeus e gregos, porque o mesmo Senhor de todos abençoa generosamente todos os que o invocam, pois "todo aquele que invocar o nome do Senhor será salvo".
Romanos 10:9-13

Pois a graça de Deus se manifestou salvadora a todos os homens.
Tito 2:11

O Senhor não demora em cumprir a sua promessa, como alguns julgam. Ao contrário, ele é paciente com vocês e não quer que ninguém pereça, mas que todos cheguem ao arrependimento.
2Pedro 3:9

Condicional:
sujeito ao cumprimento de um ou mais requisitos; feito ou atendido com certas condições.

que aceitam a oferta de perdão e vida eterna de Jesus são bem-vindos porque Deus está enchendo sua mesa de banquete celestial! O único requisito para participar é aceitar o convite gratuito.

No entanto, assim como os israelitas, muitas vezes julgamos as pessoas e as consideramos indignas. Nós as encaramos quando têm aparências, atitudes de falas diferentes do que estamos acostumados. Traçamos fortes distinções denominacionais e adicionamos a doutrina de nossa igreja aos critérios do banquete de salvação de Jesus. Classificamos os pecados como se alguns fossem piores do que outros, quando a verdade é que "todos pecaram e estão destituídos da glória de Deus" (Romanos 3:23).

Como resultado, nossa aceitação se torna condicional.

E isso precisa mudar.

Sua vez

2. De que maneira você se sentiu aceito por Jesus?

3. De que maneira você não se sentiu aceito pelos seguidores de Jesus?

4. Pessoas escolhidas tiveram a vida transformada por Jesus e procuram ser como ele. Segundo Mateus 5:43-48, o que isso significa quando se trata de interagir com aqueles que não creem nele?

Quem os recebe também recebe a mim

— Pois eu tive fome, e vocês me deram de comer; tive sede, e vocês me deram de beber; fui estrangeiro, e vocês me acolheram; necessitei de roupas, e vocês me vestiram; estive enfermo, e vocês cuidaram de mim; estive preso, e vocês me visitaram."

Então, os justos lhe responderão:

— Senhor, quando te vimos com fome e te demos de comer, ou com sede e te demos de beber? Quando te vimos como estrangeiro e te acolhemos, ou necessitado de roupas e te vestimos? Quando te vimos enfermo ou preso e fomos te visitar?

Para os *nerds* da Bíblia (como nós) que querem saber

Falando em banquetes, neste episódio, o povo está celebrando o festival de Purim: um dia dedicado todos os anos para comemorar a salvação dos judeus quando Hamã conspirou para matar todos aqueles que viviam no exílio na Pérsia em 356 a. C.

O livro de Ester relata como o festival de Purim surgiu, e a "festa alegre" celebra como o povo judeu escapou por pouco da aniquilação, graças à bravura de Ester e de Mardoqueu.

Curiosamente, embora Deus esteja presente em todos os lugares na história de Ester, o livro em si é um dos dois únicos da Bíblia que não mencionam Deus. O outro é Cântico dos Cânticos.

O Rei responderá:
— Em verdade lhes digo que tudo o que vocês fizeram a
algum desses meus pequenos irmãos, a mim o fizeram.
Mateus 25:35-40

Jesus quer que seus seguidores sejam tolerantes com o próximo. Mais do que isso, ele quer que sejamos amáveis, gentis e pacientes. Ele quer que sejamos amorosos, generosos e atentos às necessidades dos outros. Ele quer que nos preocupemos o suficiente para orar por aqueles que estão com dificuldade e para recebê-los e até mesmo servi-los.

"Vocês ouviram o que foi dito: 'Ame ao seu próximo e odeie o seu inimigo.' Mas eu digo: amem os seus inimigos e orem por aqueles que perseguem vocês, para que vocês venham a ser filhos do seu Pai, que está nos céus. Porque ele faz raiar o sol sobre maus e bons e derrama chuva sobre justos e injustos. Portanto, se vocês amarem aqueles que os amam, que recompensa receberão? Até os publicanos fazem isso! E, se saudarem apenas os seus irmãos, o que farão de mais? Até os gentios agem assim! Portanto, vocês devem ser perfeitos como é perfeito o Pai celestial de vocês."
Mateus 5:43-48

Quando fazemos isso, Jesus considera que fizemos a ele! "Em verdade lhes digo [...], a mim o fizeram." Precisamos de motivação maior do que servir ao nosso Mestre, Senhor e Salvador? Aquele que nos amou quando ainda éramos pecadores (Romanos 5:8). Aquele que levou sobre si nossos pecados (1Pedro 2:24) para que pudéssemos estar para sempre com ele no céu, onde a celebração nunca terá fim (Apocalipse 21:1-4). Aquele que não exigiu nada de nós, além de nossa disposição de aceitar seu dom gratuito de salvação (Efésios 2:8-9). Aquele que continua a ser paciente conosco enquanto trabalhamos nossa salvação (Filipenses 2:12-13), com fidelidade e misericórdia, nos tornando mais semelhantes a ele a cada dia (2Coríntios 3:16-18).

Nós recebemos outras pessoas porque ele nos recebeu.

E nós o amamos por isso.

"Amados, amemos uns aos outros, pois o amor procede de Deus. Aquele que ama é nascido de Deus e conhece a Deus. [...] Nós amamos porque ele nos amou primeiro." (1João 4:7,19)

Sua vez

5. "Mas eu digo: amem os seus inimigos e orem por aqueles que perseguem vocês, para que vocês venham a ser filhos do seu Pai, que está nos céus." Explique por que amar *até* nossos inimigos nos torna filhos de Deus.

6. Ao falar sobre "pequenos irmãos" (Mateus 25:35-40), que mudança Jesus incentiva seus seguidores a fazerem na maneira de enxergar nossas interações com os outros?

Na época do NT, o termo grego no plural para "irmãos" (*adelphoi*) normalmente era usado para homens e mulheres em uma metáfora familiar, embora signifique "irmãos e irmãs".

7. Escreva o nome de alguém que Deus está colocando em seu coração hoje e você deve receber.

Advertência

— Se o mundo os odeia, tenham em mente que antes odiou a mim. Se vocês pertencessem ao mundo, ele os amaria como se fossem dele. No entanto, vocês não são do mundo, mas eu os escolhi dentre o mundo; por isso, o mundo os odeia.

João 15:18-19

A forma com que recebemos outras pessoas (nosso modo de tratá-las e de responder a elas) deve ser independente das atitudes e ações delas em relação a nós. E, infelizmente, Jesus prometeu que seríamos odiados assim como ele foi.

Quando tiver dificuldade de receber alguém, comece orando: "amem os seus inimigos e orem por aqueles que perseguem vocês" (Mateus 5:44).

Ódio é uma palavra forte. Mas graças a Deus que ele não está nos pedindo para receber os outros segundo nossas próprias forças! Quando entregamos a vida ao Senhor, (a) o Espírito Santo habita em nosso coração, capacitando-nos a tratar os outros da maneira que Deus as trata, com paciência, misericórdia e graça; e (b) ele age em nós e por intermédio de nós para atrair mais pessoas para si, isto é, ele nos usa para edificar seu reino celestial, nos tornando parte integrante de seu grande plano para redimir e restaurar toda a criação.

E tudo começa quando recebemos.

Sua vez

8. Vamos terminar onde começamos: quem é Jesus, *de verdade*? O que o comportamento dele em relação às pessoas revela sobre o caráter dele? E o que os seguidores aprendem sobre o próprio caráter ao observar o caráter dele?

Foco da oração

Louve a Deus por nos receber assim como somos. Agradeça a ele por nos perdoar e restaurar, por nunca nos deixar nem nos abandonar e por nos tornar, com fidelidade, mais semelhantes a Jesus. Peça que ele transborde amor sobre as pessoas necessitadas ao seu redor. Ore pedindo força, coragem e humildade para receber os outros assim como seu Salvador recebe.

Modelo de oração

Querido Mestre que está no céu, agradeço por receber minha salvação somente pela fé em Jesus. Agradeço por me receber em seu reino, em sua família e em seu banquete na eternidade (Apocalipse 19:1-10). Perdoe-me pelas vezes em que caio no orgulho, agindo como se de alguma forma merecesse tratar os outros como se fosse melhor do que eles. Agradeço porque sua presença sempre faz parte de minha vida, mesmo agora, por intermédio de seu Espírito (Romanos 8:9-11). E por seu Espírito, por favor, levante dentro de mim um amor cristão que recebe os outros. Que eu possa responder com amor às necessidades daqueles que me rodeiam, mesmo com a força de amar aqueles que são meus inimigos, para que eles também possam chegar à fé no Senhor.

Amém.

CENA INTERNA — *APARTAMENTO DE ANDRÉ*

(Os discípulos estão amontoados no minúsculo apartamento de André. Copos de água e escassos pratos de pão são passados. Eles acabaram de informar Jesus sobre a situação em Decápolis.)

JESUS: E qual foi a estratégia de vocês para esclarecer?

FILIPE: Nós contamos, ou... *(Filipe e André trocam um olhar nervoso.)*

ANDRÉ: Tentamos contar uma de suas parábolas.

JESUS: Parábolas. Bom. É o que eu teria feito. *(André acena com a cabeça agradecido.)*

TOMÉ: Qual parábola?

FILIPE: A do banquete.

ANDRÉ: Você sabe, aquela em que os convidados dão desculpas para não comparecer, e depois todos os outros são convidados.

JOÃO: Vocês escolheram a DO BANQUETE?

NATANAEL: Essa deixa o povo aborrecido!

JESUS: Claro que deixa.

ANDRÉ: Bem, se isso faz você se sentir melhor, primeiro consideramos o trigo e o joio, mas pensamos melhor.

JESUS: Eu já disse a vocês que algumas pessoas não entenderiam essa parábola.

TOMÉ: Eu nem tenho certeza se entendi a do trigo e o joio.

JESUS: Entenderá com o tempo.

FILIPE: O problema é que eles entenderam a parábola, e isso causou briga na rua.

ANDRÉ: Tumulto entre judeus e gentios.

FILIPE: Leander disse que piora a cada dia. O famoso sacerdote helenista mudou seus caminhos, o que é bom, mas, quando ele abdicou de seus deveres de sacerdote e líder, outros quiseram preencher a lacuna, projetos foram desfeitos, todos ficaram com raiva e começaram a culpar uns aos outros...

ANDRÉ: E isso levou a roubos, brigas reais nas ruas, e muitas pessoas estão saindo de casa para esperar a violência passar.

TIAGÃO: E você sugere nos enviar para esse ambiente?!

JESUS *(fica em pé e começa a andar pela sala)*: Que parte da parábola fez que essa luta começasse?

FILIPE *(trocando um olhar nervoso com André)*: As pessoas de fora da cidade. Os que estão nas estradas e sebes, os últimos a serem convidados e a aceitar o convite.

JESUS *(suspirando)*: É o que eu suspeitava.

JOÃO: Falando nisso, as estradas e sebes realmente se referem aos gentios?

JESUS: Quem tem ouvidos para ouvir ouça. Partiremos pela manhã. Vão todos para casa e peguem suas coisas. Pegaremos as "estradas e sebes" antes do amanhecer.

Oitava lição

CONFIE EM JESUS
o tempo todo

CENA EXTERNA — *PARTE RURAL DE DECÁPOLIS*

FILIPE: Rabino, não viemos aqui para causar problemas.

JESUS: Parece que o problema nos encontrou.

TIAGÃO: Então, precisamos resolvê-lo.

JESUS: E como você se propõe a fazer isso, Tiagão? Meus amigos, sentem-se comigo. Não podemos prosseguir enquanto não chegarmos a um acordo.

(Após um momento de incerteza, Tiagão, João e Filipe se sentam. Sussurros e murmúrios entre a multidão de gentios que observa.)

JESUS *(aos gentios)*: Sou um rabino e, como esses irmãos judeus podem confirmar, gostamos de ensinar fazendo perguntas e gostamos de solucionar problemas por meio da conversa. É ainda melhor se começar com discordância. Então, sintam-se à vontade para ouvir, e, se quiserem debater um pouco, tudo bem também.

JUDAS *(observando apreensivo as crescentes facções ao redor deles)*: Rabino, parecemos fracos e indefesos.

JESUS: A caminho da casa de Jairo, em Cafarnaum, o que aconteceu quando a mulher, Verônica, me tocou?

ZEE: Saiu poder de você.

JESUS: Não, quero dizer, o que aconteceu com ela?

TADEU: Foi curada.

JESUS: Como?

ANDRÉ: Tocando a franja da sua roupa.

JESUS: Não. Meus amigos, vocês se esquecem tão rápido. Eu os estimo muito, mas a memória de vocês é curta.

MATEUS: Você disse: "Filha, vá em paz, a sua fé a salvou."

JESUS: O quê?

TIAGUINHO: A fé.

TADEU: A fé.

JESUS: Sua fé. Muitos de vocês estão com medo agora em vez de terem fé em mim.

TIAGÃO: Mas, rabino, veja o que está acontecendo ao nosso redor...

ANDRÉ: Ele está vendo, essa é a questão!

JUDAS: Rabino, aumente a nossa fé!

JESUS: Judas... Se você tivesse fé do tamanho de um grão de mostarda, poderia dizer a uma amoreira: "Saia daí e se jogue ao mar", e ela obedeceria.

MATEUS: A amoreira poderia crescer no mar?

TOMÉ: Ele está dando um exemplo.

JESUS: Na verdade, se você tem fé como um grão de mostarda, pode dizer a uma montanha: "Vá daqui para lá", e ela se moverá, e nada será impossível para você.

NATANAEL: Como? Como conseguiremos?

FILIPE: Como Judas disse, aumente a nossa fé!

JESUS: Não se trata de tamanho, Filipe. É sobre em quem você confia. Se você está seguro em sua fé em Deus, confiando nas promessas dele, escolhendo fazer a vontade dele para sua vida em vez de sua própria vontade... *(unindo o polegar e o indicador)* esse tamanho de fé é suficiente. As pessoas a quem estamos ministrando... são como abelhas, pairando entre as flores, esperando que elas se abram para que possam saborear o néctar e espalhá-lo aos outros. Mas eles devem ver uma fé segura em vocês, não importa se é grande ou pequena.

Coisas impossíveis

Confiar em Jesus o tempo todo parece ótimo, mas os doze discípulos tiveram dificuldade quando as multidões ao seu redor cresceram (Marcos 3:7-10). E quando o povo sentiu raiva (Marcos 3:1-6). E fome (Marcos 6:31-44; 8:1-10,14-21). E fez acusações (Marcos 7:1-5). Os doze tinham dificuldade em confiar quando deveriam fazer coisas que estavam fora de sua zona de conforto, como viajar para novos lugares, pregar para todos os tipos de pessoas e curar todos os tipos de doenças (Marcos 6:7-13; 9:14-29). Era difícil confiar quando vinham as tempestades, e eles se sentiam negligenciados ou até abandonados (Marcos 4:35-41; 6:45-52). Era difícil confiar quando se sentiam confusos ou ofendidos por algo que Jesus disse ou fez (Marcos 3:21; 8:31-38; 9:30-32; 10:13-16,23-31). E era difícil confiar quando Jesus permitia que eles tivessem dificuldades.

Já passou por isso? Claro que sim, pois a vida é difícil, e as dificuldades desafiam nossa fé, fazendo que nossa confiança em Jesus fique abalada e diminua. Mas elas também fazem nossa fé crescer porque Deus usa todas as coisas para cooperar para o nosso bem e para a glória dele (Romanos 8:28) e para nos tornar mais semelhantes a Jesus (Romanos 8:29-30; 2Pedro 1:3-4), o autor e consumador da nossa fé (Hebreus 12:2).

Essa é a promessa do caminho estreito que leva à vida.

Por meio dele, teremos ampla oportunidade de praticar a confiança naquele que seguimos.

Sua vez

1. Cite uma ou duas coisas que são difíceis de confiar totalmente a Jesus.

Vamos superar

— Não só isso, mas também nos gloriamos nas tribulações, porque sabemos que a tribulação produz perseverança; a perseverança, um caráter aprovado; o caráter aprovado, esperança. Essa esperança não nos decepciona, porque o amor de Deus foi derramado no nosso coração por meio do Espírito Santo, que ele nos deu.

Romanos 5:3-5

Ouçam agora, vocês, ricos! Chorem e lamentem-se, por causa das desgraças que virão sobre vocês. A riqueza de vocês apodreceu, e as traças corroeram as suas roupas. O ouro e a prata de vocês enferrujaram, e a ferrugem deles testemunhará contra vocês e, como fogo, consumirá a sua carne. Vocês acumularam bens nestes últimos dias. Vejam, o salário dos trabalhadores que ceifaram os seus campos e que vocês retiveram com fraude está clamando contra vocês. O lamento dos ceifeiros chegou aos ouvidos do Senhor dos Exércitos. Vocês têm vivido luxuosamente na terra, têm se entregado aos prazeres e se fartado de comida em dia de abate.

Tiago 5:1-5

Não confiem em príncipes, em meros mortais, incapazes de salvar. Quando o espírito deles se vai, eles retornam à terra; naquele mesmo dia desaparecem os seus planos.

Salmos 146:3-4

A esperança em Jesus é a única que não decepciona. Ou seja, depositamos nossa esperança e confiança em muitas coisas que, de fato, decepcionam. Por exemplo, o dinheiro não é tudo o que parece ser. Passamos a vida tentando ganhar mais, acreditando que nossos problemas serão resolvidos se ficarmos ricos. No entanto, observe a vida das celebridades e verá como isso não é verdade. A vida dos famosos é uma bagunça coletiva, repleta de términos de relacionamento, vícios, excessos e vazio.

Isso acontece porque o dinheiro é uma esperança que nos decepciona.

E quanto aos relacionamentos? É claro que algumas pessoas contribuem para nossa vida de maneiras imensuráveis e, obviamente, devem ser consideradas bênçãos do Senhor. Contudo, não importa quanto essa pessoa possa ser maravilhosa, quando depositamos nossa esperança e fé nos outros, inevitavelmente ficaremos decepcionados. Somos todos imperfeitos, limitados e cheios de pecado.

Somos egoístas, ignorantes e incapazes de tratar nosso próximo como Deus quer.

Ou seja, o relacionamento (humano) é uma esperança que decepciona.

E quanto ao sucesso? Afinal, é ótimo alcançar um objetivo e ter algo que nos dê orgulho. O problema é que, quando colocamos nossa esperança no sucesso, em títulos ou em *status*, fica difícil manter esse padrão. A vida está em constante mudança, e sentimos a pressão para ir além. No entanto, quando estamos procurando a afirmação que vem das conquistas, nada será o bastante. Pelo menos não permanentemente.

Afinal, o sucesso é uma esperança que decepciona.

Tudo isso para dizer que a esperança que Deus cultiva no fundo de nosso coração *não* decepciona. Mas também foi difícil conquistá-la: primeiro mediante a morte e a ressurreição de Jesus e depois mediante a nossa.

Ou vocês não sabem que todos os que fomos batizados em Cristo Jesus fomos batizados na sua morte? Portanto, fomos sepultados com ele na morte por meio do batismo, a fim de que, como Cristo foi ressuscitado dentre os mortos pela glória do Pai, assim também vivamos uma vida nova. Se, pois, nos tornamos unidos na semelhança da sua morte, certamente o seremos também na sua ressurreição. Pois sabemos que o nosso velho homem foi crucificado com ele, para que o corpo pecaminoso seja destruído, de modo que deixemos de ser escravos do pecado, pois quem morreu foi justificado do pecado. Ora, se morremos com Cristo, cremos que viveremos com ele também. Pois sabemos que, tendo sido ressuscitado dentre os mortos, Cristo não pode morrer outra vez: a morte não tem mais domínio sobre ele. No que se refere à morte, morreu para o pecado de uma vez por todas; no que se refere à vida, vive para Deus. Assim, vocês também se considerem de fato mortos para o pecado, mas vivos para Deus em Cristo Jesus.
Romanos 6:3-11

Nós "morremos para nós mesmos" — para o nosso amor ao dinheiro, nosso desejo de ser aceitos e validados pelos outros, nosso desejo de ter sucesso — a fim de vivermos para Jesus. E então transferimos nossa esperança para:

a. O que Jesus diz sobre o sofrimento:

"Eu disse isso para que em mim vocês tenham paz. Neste mundo, vocês terão aflições; contudo, tenham coragem! Eu venci o mundo." (João 16:33)

b. Aonde vamos, segundo Jesus:

"Que o coração de vocês não se perturbe. Creiam em Deus; creiam também em mim. Na casa do meu Pai há muitos aposentos; se não fosse assim, eu teria dito que vou preparar lugar para vocês? 'Quando eu for e preparar lugar, voltarei e os levarei comigo, para que vocês estejam onde eu estiver." (João 14:1-3)

c. Quem Jesus diz que ele é:

"Eu sou o caminho, a verdade e a vida. Ninguém vem ao Pai, a não ser por mim." (João 14:6)

Ele é a nossa esperança.

Sua vez

2. Além de Jesus, em que ou em quem você tende a depositar sua esperança?

3. Na Bíblia, lemos a promessa de que teremos aflições, mas também lemos que Deus usará as aflições para cultivar esperança em nosso coração. Como isso pode mudar a maneira com que você sofre? Como isso pode mudar a maneira com que você espera?

4. Explique como "morrer para si mesmo" faz parte do caminho "pela porta estreita".

Ponto alto

"Por isso, digo a vocês que não se preocupem com a própria vida, quanto ao que comer ou beber; nem com o corpo, quanto ao que vestir. A vida não é mais importante do que a comida, e o corpo mais importante do que a roupa? Observem as aves do céu: não semeiam, nem colhem, nem armazenam em celeiros. Contudo, o Pai celestial de vocês as alimenta. Vocês não têm muito mais valor do que elas? Quem de vocês, por mais que se preocupe, pode acrescentar uma hora que seja à sua vida? Por que vocês se preocupam com roupas? Vejam como crescem os lírios do campo. Eles não trabalham nem tecem. Contudo, digo a vocês que nem Salomão, em todo o seu esplendor, vestiu-se como um deles. Se Deus veste assim a erva do campo, que hoje existe e amanhã é lançada no fogo, não vestirá muito mais a vocês, homens de pequena fé? Portanto, não se preocupem, dizendo: 'O que comeremos?', 'O que beberemos?' ou 'O que vestiremos?' Pois os gentios é que correm atrás dessas coisas, mas o Pai celestial de vocês sabe que precisam delas. Busquem, pois, em primeiro lugar o reino de Deus e a sua justiça, e todas essas coisas serão acrescentadas a vocês. Portanto, não se preocupem com o amanhã, pois o amanhã trará as suas próprias preocupações. Bastam a cada dia os seus próprios problemas."

Mateus 6:25-34

Para os *nerds* da Bíblia (como nós) que querem saber

Morrer para si mesmo: a negação contínua da natureza pecaminosa a fim de seguir e confiar em Jesus todos os dias. Portanto, os crentes "morrem para si mesmos" constantemente.

Além disso, no momento da salvação, o Espírito Santo passa a habitar os crentes, tornando possível a obediência e a semelhança com Cristo. "Portanto, se alguém está em Cristo, é uma nova criação. As coisas antigas já passaram; eis que se fizeram novas!" (2Coríntios 5:17)

Entrar pela porta estreita: Jesus é a porta que conduz ao reino de Deus. Para nos reconciliarmos com Deus e passarmos a eternidade com ele no céu, devemos colocar nossa confiança na morte expiatória e na ressurreição milagrosa de Jesus.

"Eu sou o caminho, a verdade e a vida. Ninguém vem ao Pai, a não ser por mim." (João 14:6)

Coisas novas: Isaías faz referência a "coisas passadas" diversas vezes (Isaías 41:22; 42:9; 43:9,18; 46:9; 48:3; 65:17), mas não com um sentimento de desdém. Nossa cultura atual ensina que o velho é ruim e que o novo é bom. No entanto, na economia divina, as primeiras coisas são fundamentais e úteis no processo de amadurecimento e progresso.

Vemos esse princípio na prática quando as crianças crescem ao longo da infância, não apesar dela; elas não pulam as coisas passadas, nem permanecem nelas (1Coríntios 13:11,12).

Da mesma forma, devemos nos lembrar "das coisas passadas, das coisas muito antigas" por seu valor fundamental (Isaías 46:9), mas devemos viver do passado quando for a hora de passar para a coisa nova que Deus está fazendo (Isaías 43:18,19).

Veja Mateus 14:13-21; Marcos 6:32-44; Lucas 9:10-17; João 6:1-15.

Veja Mateus 14:22-33; Marcos 6:45-52; João 6:16-21.

"Será que você não sabe? Nunca ouviu falar? O Senhor é o Deus eterno, o Criador de toda a terra. Ele não se cansa nem fica exausto; a sua sabedoria é insondável. Ele fortalece o cansado e dá grande vigor ao que está sem forças. Até os jovens se cansam e ficam exaustos, e os moços certamente tropeçam, mas aqueles que esperam no Senhor renovam as suas forças, voam alto como as águias, correm e não ficam exaustos, andam e não se cansam."
Isaías 40:28-31

O episódio final da terceira temporada de *The Chosen: Os Escolhidos* reúne vários enredos e relata duas amadas histórias do Novo Testamento: (1) a preocupação com a comida e a provisão milagrosa de Jesus; e (2) o temor diante da segurança e da presença milagrosa e tranquilizante de Jesus. As duas experiências maravilhosas tiveram o mesmo impacto no coração e na mente dos discípulos:

Podemos confiar em Jesus.

Mesmo assim, a ansiedade e o medo continuam sendo uma parte corriqueira da experiência humana. Sabemos o que Jesus fez e cremos nas histórias, mas ainda temos dificuldade para crer que ele é o mesmo ontem, hoje e eternamente (Hebreus 13:8). Temos dificuldade para crer na promessa de que ele sempre proverá (Mateus 6:25-34). Temos dificuldade para crer na promessa de que ele estará sempre presente (Mateus 28:20). Temos dificuldade para crer que a economia, as prioridades e a aprovação de Deus são literalmente tudo o que importa (1João 2:15-17).

Temos dificuldade. Mas adivinha só?

Deus também tem uma provisão para isso: "Portanto, também nós, uma vez que estamos rodeados por tão grande nuvem de testemunhas, livremo-nos de tudo o que nos atrapalha e do pecado que nos envolve e corramos

Para os *nerds* da Bíblia (como nós) que querem saber

Há duas multiplicações de pães e peixes registradas nos Evangelhos, ambas perto do mar da Galileia: a que alimentou 5 mil pessoas no campo perto de Betsaida (aliás, esse é o único milagre contado em todos os quatro Evangelhos (Mateus 14:13-21; Marcos 6:32-44; Lucas 9:10-17; João 6:1-15) e a que alimentou 4 mil em Decápolis (Mateus 15:32-39; Marcos 8:1-10).

Mais tarde, durante seu ministério, Jesus se referiu aos dois eventos em conjunto ao incentivar seus seguidores a confiarem nele e evitar a hipocrisia de pessoas como os fariseus (Mateus 16:5-12; Marcos 8:14-21).

com perseverança a corrida proposta para nós, tendo os olhos fitos em Jesus, autor e consumador da nossa fé. Ele, pela alegria que lhe fora proposta, suportou a cruz, ao desprezar a vergonha, e assentou-se à direita do trono de Deus." (Hebreus 12:1-2)

Jesus é chamado de "autor e consumador da nossa fé", ou seja, ele não apenas nos chama para si (ele é o "autor" de nossa fé), mas continua nos liderando, ensinando, corrigindo e formando (ele é o "consumador" de nossa fé). Então, a cada dia que escolhemos segui-lo, nos tornamos mais semelhantes a Jesus porque ele é fiel para cumprir.

À medida que seguimos, veremos a provisão e as promessas do Senhor repetidas vezes.

Os israelitas do Antigo Testamento eram instruídos a prender o *tzitzit* (borla) nos quatro cantos das vestes para se lembrarem de obedecer aos mandamentos do Senhor (Números 15:37-41; Deuteronômio 22:12).

Também precisamos de ajuda para lembrar, mas notas adesivas descolam facilmente. Talvez prender borlas em nossas roupas ajude.

Sua vez

Vamos ser bem específicos aqui...

5. À luz da sua ansiedade e medo, o que significa que Jesus é o mesmo ontem, hoje e eternamente?

6. À luz da sua ansiedade e medo, o que significa que Jesus sempre proverá e sempre estará presente?

7. À luz da sua ansiedade e medo, o que significa que a economia, as prioridades e a aprovação de Deus são tudo o que importa?

Aquiete-se! Acalme-se!

Ele [Jesus] se levantou, repreendeu o vento e disse ao lago:

— Aquiete-se! Acalme-se!

O vento se aquietou, e tudo ficou calmo.

Marcos 4:39

O que importa não é o tamanho da nossa fé. Nunca importou, porque se esforçar mais para ter uma fé maior inevitavelmente nos leva a ter fé em nós mesmos. A salvação por meio de Jesus sempre dependeu apenas *dele* e da compaixão, graça, poder e disposição do Senhor para fazer o que precisa ser feito para resgatar e restaurar a criação.

Em suma, o importante é em quem depositamos a nossa fé.

Se você está seguro em Deus, confiando nas promessas, escolhendo a vontade dele para a sua vida em vez da sua própria vontade, a fé do tamanho de um grão de mostarda será suficiente para experimentar tudo o que Deus tem reservado para você. Ele quer que você faça parte da construção do reino aqui na terra. Ele quer que você sinta a paz que excede todo o entendimento e descanse na presença dele. Ele quer que você saiba que é amado e acredite e aja segundo as promessas dele.

Ele quer que você entre pela porta estreita e caminhe ao lado dele, até chegar ao céu.

Sua vez

8. A ordem de Jesus para o vento e as ondas é a mesma que ele tem para você: "Aquiete-se! Acalme-se!"

Como você pode buscar a paz, a presença e o poder de Deus hoje?

Foco da oração

Louve a Jesus porque ele controla as ondas, inclusive as ondas de nossa vida, sejam pequenas oscilações, *tsunamis* ou de qualquer tamanho. Agradeça a ele por ser paciente quando você tem dificuldades de confiar nele em todas as situações. Peça a Jesus que o torne cada vez mais semelhante a ele e que você tenha oportunidades de dar um passo de fé. Ele certamente concederá!

Modelo de oração

Querido Jesus,

Agradeço por vir à terra não apenas para morrer por meus pecados e ressuscitar para garantir minha salvação, mas também para viver uma vida perfeita. Sua vida demonstrou sabedoria diante da confusão, coragem diante das provações, paz diante das dificuldades e fidelidade diante do desespero. O Senhor entende as tempestades da vida em que me encontro hoje, e reconheço que está no comando. Eu creio no Senhor, mas preciso de ajuda com minha incredulidade (Marcos 9:24). Que eu seja cada vez mais semelhante ao Senhor para que possa viver no meio dessas tempestades à sua semelhança (2Pedro 1:3-12). Quando eu precisar dar um passo de fé e tomar uma posição, dê-me sabedoria, coragem, paz e fidelidade para manter minha esperança no Senhor.

Amém.

CENA EXTERNA — *MAR DA GALILEIA*

SIMÃO: João, continue remando! O que está fazendo?

JOÃO: Alguém mais acabou de ver isso?

FILIPE: O quê?

JOÃO: Lá!

(Todos olham na direção que João está apontando, mas há apenas escuridão e ondas.)

JUDAS: Não vejo nada.

ZEE: O que estamos procurando?

(Há relâmpagos e um vulto a distância na água.)

ANDRÉ (*gritando em pânico*): Um fantasma! É um fantasma!

MATEUS: Um o quê?

TIAGÃO: Não pode ser.

ANDRÉ: Precisamos sair daqui! Remem mais rápido! Vamos!

SIMÃO *(com uma voz grave e calma)*: Não! Ninguém se mexe.

ANDRÉ: Como assim, Simão?

SIMÃO: Eu mandei todos pararem! Fiquem nessa posição.

(Olhares confusos ao redor. O olhar de Simão permanece fixo no último lugar exato onde ele viu o vulto iluminado. Um raio cai novamente, e vemos a figura de Jesus entre as ondas. O rosto de Simão continua imóvel entre os relâmpagos.)

ZEE: Não é um fantasma.

ANDRÉ: Você está louco?!

ZEE: Confie em mim. Sei como é um fantasma, e aquilo não é um fantasma.

JESUS: Não tenham medo, sou eu!

ANDRÉ: Jesus?!

FILIPE: Como? O que ele está fazendo?!

TIAGÃO: Impossível!

TOMÉ: Esta é a segunda coisa mais incrível que eu vi hoje. Como pode?

JESUS: Estão surpresos? Não aprenderam nada com o dia de hoje?

SIMÃO: Se é você, ordena-me que eu ande sobre as águas ao seu encontro.

ANDRÉ: Simão, não!

TIAGÃO: Você está louco??

SIMÃO *(fazendo ainda mais pressão)*: Se você é quem diz ser, me peça para sair deste barco.

JESUS: Você tem fé para andar sobre estas águas?

SIMÃO: Com certeza! Você pode fazer o que ordenar e, se você ordenar que a água me segure, eu andarei sobre ela!

JESUS: Se eu chamá-lo, você dará um passo de fé?

SIMÃO: Sim!

JESUS: Então, por que está tão chateado?

SIMÃO: Porque você está indo atrás dos gentios quando seu próprio povo tem problemas aqui! Quando sua própria PESSOA tem problemas? Eu fiquei bem aqui na sua frente, crendo em você, e você está apartando brigas em Decápolis!

(Outra longa pausa enquanto eles se encaram. Finalmente...)

JESUS: Venha a mim. Você, cansado e sobrecarregado... Eu lhe darei descanso.

(Simão se levanta. Tira as sandálias.)

ANDRÉ: Simão?!

(Em meio a murmúrios e exclamações de medo, confusão e emoção, Simão coloca a mão na beira do barco. Jesus observa a perna direita de Simão passar por cima do barco e ele descer lentamente em direção à água. Simão passa a perna esquerda e... continua, embora instável, na superfície da água. Os discípulos expressam nervosismo e surpresa. Simão não tira os olhos de Jesus, que estende a mão para ele.)

JESUS: Você ainda tem fé?

SIMÃO: Minha fé não é o problema! Eu desisti de tudo para segui-lo, mas você está curando estranhos!

JESUS: Por que você acha que eu permito provações?

SIMÃO: Não sei!

JESUS: Elas atestam a genuinidade da sua fé! Elas fortalecem você! ISTO está fortalecendo você! E a Éden! Mantenha os olhos fixos em mim!

(As ondas batem em Simão. Os discípulos gritam, e Simão desvia os olhos de Jesus. As ondas são imensas e impiedosas. Em todas as direções, o mar é assustador e feroz. O medo toma conta, e ele começa a afundar.)

SIMÃO: Estou afundando! Socorro!

(A água sobe rapidamente até o peito de Simão.)

SIMÃO: Senhor, por favor! Me salve!

(Jesus está se movendo em direção a ele. A água está na altura do queixo de Simão.)

SIMÃO: Me salve, eu estou...

(Ele afunda, com o braço estendido acima da superfície. Imediatamente, Jesus agarra seu antebraço, e Simão se segura em Jesus, que o tira da água trêmulo. Jesus olha em seus olhos, cheio de tristeza. Os dois ficam um de frente para o outro, respirando e segurando firme. Finalmente, com um sorriso...)

JESUS *(afetuosamente)*: Oh, homem de pequena fé. Por que duvidou?

(Os olhos de Simão demonstram vergonha e alívio. Ele está entregue.)

SIMÃO: Por favor, não me solte. Desculpe, não consigo sozinho. Não me solte, por favor.

JESUS: Eu planejei muita coisa para você, Simão, inclusive coisas difíceis. Mantenha seus olhos em mim. Eu prometo.

(Entram no barco.)

SIMÃO: Não me solte.

JESUS *(voltando-se para o mar revolto)*: Aquiete-se! Acalme-se!

(Jesus e Simão colidem contra o mastro. Simão agarra Jesus, repetindo...)

SIMÃO: Não me solte. Por favor, não me solte.

(As águas calmas batem suavemente contra o casco, e todos os discípulos estão encharcados, exaustos e maravilhados. Para Simão, não existe mais ninguém no mundo além de Jesus. Ele chora baixinho enquanto Jesus acaricia seu cabelo molhado.)

JESUS: Estou aqui... Estou sempre aqui. Eu permito que as pessoas tenham fome... mas eu as alimento.

SIMÃO: Não me solte. Não me solte. Não me solte.

CONCLUSÃO

São poucos os que encontram o caminho para a vida.

Por quê?

Porque é difícil. E a verdade é que nós, humanos pecadores, preferimos a facilidade. Mas é muito melhor escolher Jesus mesmo assim! Há, de fato, beleza, paz, alegria, esperança e descanso através da porta estreita: Deus nunca decepciona.

A vida decepciona, é claro. O pecado danificou o mundo que Deus fez, e vivemos de acordo com as consequências disso. Para piorar as coisas, a areia movediça do caminho largo garante nossa destruição e separação eterna do Deus que nos ama, aquele que entrou em nosso quebrantamento e se tornou nosso Cordeiro sacrificial e nossa Pedra Angular: a Rocha da nossa salvação e o início da restauração do mundo.

Cordeiro sacrificial:
Na época do Antigo Testamento, cordeiros perfeitos e imaculados eram sacrificados a Deus para a expiação do pecado (Êxodo 12:5; Levítico 4:32).

Como Jesus viveu uma vida perfeita sem pecado, sua morte na cruz tornou-se o sacrifício perfeito e permanente de expiação para toda pessoa que escolhe crer nele (Hebreus 9:11-14; 1Pedro 1:9; João 1:29,36).

Ele veio e anunciou paz a vocês que estavam longe e paz aos que estavam perto, pois por meio dele ambos temos acesso ao Pai por um mesmo Espírito. Portanto, vocês já não são estrangeiros nem forasteiros, mas concidadãos

Pedra angular:
a primeira pedra colocada na fundação de uma estrutura e o ponto de referência para posicionar todas as outras pedras.

Nas Escrituras, lemos vários comentários sobre Jesus ser a pedra angular e referência definitiva para a vida (Isaías 28:16-17; Salmo 118:19-23; Mateus 21:42; Atos 4:11-12; Efésios 2:20; 1Pedro 2:4-10).

dos santos e membros da família de Deus, edificados sobre o fundamento dos apóstolos e dos profetas, tendo Jesus Cristo como pedra angular, no qual todo o edifício é ajustado e cresce para tornar-se um templo santo no Senhor.

Efésios 2:17-21

Temos a terra firme por intermédio de Jesus. Por causa de sua vitória sobre a morte, somos ressuscitados com ele (Romanos 6:6-11), reconciliados com o Pai (Romanos 5:8-11) e habitados pelo Espírito (Romanos 8:9-11), o que nos permite continuar seguindo Jesus até o céu, onde a perfeição do jardim do Éden será restaurada. O que significa que o caminho dos escolhidos é o próprio Jesus.

Ele é a porta estreita que conduz à VIDA.

Apocalipse 22:1-5

Então, o anjo me mostrou o rio da água da vida que, claro como cristal, fluía do trono de Deus e do Cordeiro, no meio da rua principal da cidade. De cada lado do rio, estava a árvore da vida, que frutifica doze vezes por ano, uma por mês. As folhas da árvore servem para a cura das nações. Já não haverá maldição nenhuma. O trono de Deus e do Cordeiro estará na cidade, e os seus servos lhe servirão. Eles verão a sua face, e o seu nome estará na testa deles. Não haverá mais noite. Eles não precisarão da luz da lâmpada nem da luz do sol, pois o

Senhor Deus

os iluminará; e eles reinarão pelos séculos dos séculos.

ANOTAÇÕES

ANOTAÇÕES

ANOTAÇÕES

ANOTAÇÕES

ANOTAÇÕES

ANOTAÇÕES

ANOTAÇÕES

ANOTAÇÕES

ANOTAÇÕES

SOBRE OS AUTORES

Amanda Jenkins é autora, palestrante e mãe de quatro filhos. Escreveu seis livros, incluindo *Confessions of a Raging Perfectionist* [Confissões de uma perfeccionista radical], um livro de memórias que tem inspirado estudos bíblicos e conferências para mulheres dos Estados Unidos. Especializou-se em escrever e ensinar autenticidade verdadeira em nossa fé e é a criadora principal do conteúdo extra da série *The Chosen*, que inclui devocionais do *The Chosen*, volumes I e II, e o livro para crianças intitulado *The Chosen: Jesus Loves the Little Children* [Os escolhidos: Jesus ama as crianças]. Amanda mora nos arredores de Chicago com seu marido, Dallas, criador da série *The Chosen*.

Dallas Jenkins é cineasta, autor, palestrante e pai de quatro filhos. Nos últimos vinte anos, dirigiu e produziu mais de uma dúzia de filmes para empresas como Warner Bros., Lionsgate, Universal Studios e Hallak Channel. Atualmente é criador da série *The Chosen*, o primeiro programa de várias temporadas sobre a vida de Cristo e o projeto de mídia mais financiado até hoje pelo público. Dallas é também coautor dos livros devocionais best-seller *The Chosen*.

O consultor bíblico evangélico oficial da série de TV *The Chosen*, **Douglas S. Huffman** (ph.D., Trinity Evangelical Divinity School) é professor de Novo Testamento e reitor adjunto de Estudos Teológicos Bíblicos da Talbot Scholl of Theology (Biola University) na Califórnia. Especialista no Novo Testamento grego (Lucas/Atos) e Pensamento Cristão, é autor de *Verbal Aspect Theory and the Prohibitions in the Greek New Testament* [Teoria do aspecto verbal e proibições no Novo Testamento grego] e *The Hand Guide to the New Testament Greek* [Guia prático do Novo Testamento grego]; editor colaborador de livros como *God Under Fire: Modern Scholarship Reinvents God* [Deus sob fogo: a erudição moderna reinventa Deus], *How Then Should We Choose?: Three Views on God's Will and Decision Making* [Como então deveríamos escolher?: três visões sobre a vontade de Deus e a tomada de decisão] e *Christian Contours: How a Biblical Worldview Shapes the Mind and Heart* [Contornos cristãos: como uma cosmovisão bíblica molda a mente e o coração]. Colabora com vários periódicos teológicos e obras de referência. O dr. Huffman pode ser visto em "Mesas-redondas sobre a Bíblia" da série *The Chosen* no aplicativo *The Chosen*. Huffman gosta de trabalhar com os estudantes da Biola, indicando a Escritura como a Palavra de Deus para nós hoje.

Este livro foi impresso pela Ipsis, em 2025, para
a Thomas Nelson Brasil. O papel do miolo é
offset 90g/m², e o da capa é cartão 250g/m².